U0919242

# 管理数据分析

## ——原理、方法、工具及实践

[美] 麦克·沃森（Michael Watson）
德里克·内尔森（Derek Nelson） 著
王忠玉 王 琼 译

机 械 工 业 出 版 社

想要利用大数据和数据分析获得利润吗？本书是你理想的首选资源。无论你的行业或管理角色怎样，本书都将有助于你以最快的速度开始，并迅速产生价值。

现在，数据分析可以帮助组织做从盈利到拯救生命的任何事情。假如能正确运用它，你的组织将可能凭借数据分析获得巨大的机会和价值。

本书将展示如何来做数据分析。本书是专门为每一位想要从数据分析中获得利润，但不知道从哪里开始的经理，每一位想要向客户提供更好的结果的顾问和软件供应商，每一位负责评估分析产品或供应商的专家而设计的。

本书运用现实事例阐明了三种分析形式：描述数据和可视化数据的描述性数据分析，识别趋势和关系的预测性数据分析，利用已知信息和预期目标来优化决策的规范性数据分析。

本书介绍了当今最好的数据分析工具和技术，提供了足够的技术细节来帮助你做出最好的选择。本书适合于学习和研究商业数据分析、大数据在企业中应用的管理人员、高校学生、政府工作者，帮助他们了解如何用数据来解决问题。

致我的妻子，克里斯汀，

感谢她在我写作此书时的全力支持

麦克·沃森

致我的妻子，布丽奇特，

她像个小女孩一样梦想拥有一本献给她的书☺

德里克·内尔森

# 本书荣获的赞誉

“随着大量的、丰富多彩的数据源不断涌现的新时代来临，关于数据分析的书籍日益增多，其中绝大多数的书籍，要么专注于分析技术层面，要么聚焦于基础商业流程及商业分析层面。当一位管理者想要学习基本技术及其应用时，势必要师从于一位拥有良好沟通能力的数据科学家。本书为管理者提供了一个自己学习相关概念的机会，因此，本书应该摆在那些领导和从事管理数据分析工作的管理人员的书架上。从非技术角度来讲，本书涵盖了数据分析最重要的方法论及概念。每一种方法论都恰当地结合举例说明和实用案例，理解它们不需要任何技术知识。如果我想要在数据分析领域创业，那么这将是我在每天清晨阅读的第一本书。”

**——迭戈·克拉比耶（Diego Klabjan），**
**工业工程与管理学教授，**
**数据分析理学硕士项目主任，**
**西北大学**

“这本《管理数据分析》针对数据分析给出了极好的介绍和概述，对于刚接触这一领域的人来说，非常容易理解，而对于有更多知识背景的读者来说，则提供了一个十分有用的框架。本书是从实践者的角度来写作的，书里面充满了简洁而相关的例子。作者表述了当前数据分析工具的可能边界，并引导读者提出好的问题，避免落入常见陷阱。当读者管理自己的数据分析项目时，知道如何识别隐含的假设。”

**——迈克尔·费米尔（Michael Freimer）博士，**
**DemandSignal 首席科学家**

“对于不同的读者来说，‘数据分析’术语意味着不同的事物。在连接市场营销的大肆宣传与技术细节之间的缺口方面，沃森和内尔森筑起了桥梁，从而使读者更容易评估以数据分析为基础的解决方案，更好地理解这些方案的潜力。”

**——欧文·勒斯蒂格（Irv Lustig）博士，**
**最优化数学软件、商业数据分析和数学科学经理，**
**IBM 研究中心**

# 关于作者

麦克·沃森现为欧普克斯数据分析机构（Opex Analytics）合伙人，西北大学兼职教授。在欧普克斯数据分析机构中，他致力于为公司带来崭新的数据分析解决方案。在到欧普克斯数据分析机构之前，他曾任 IBM 公司中 ILOG 供应链和最优化小组负责人。在西北大学麦考密克学院，他为工程管理硕士生（MEM）讲授运营管理学和管理数据分析，为西北大学数据分析理学硕士讲授最优化理论。麦克拥有西北大学工业工程与管理科学理学学士和哲学博士学位。

德里克·内尔森现为 OPS Rules 公司高级主任和西北大学兼职教授。在 OPS Rules 公司，德里克利用数据分析帮助公司提高运营绩效。在此之前，德里克为 Logic Tools、ILOG 和 IBM 在最优化和供应链软件方面提供咨询服务、产品管理服务和技术销售服务。在西北大学，德里克曾为工业工程与管理科学系本科生讲授服务运营管理，不久[⊖]将任教于工程管理硕士（MEM）项目。德里克拥有康奈尔大学运筹学硕士学位。

⊖ 原书出版时间为 2014 年，此处说明的是当时的状态。

# 序 言

第一次听到“数据分析”成为流行语时，我们并没有受到很大的触动。毕竟，我们的职业就是做数据分析研究。我们在本科和研究生阶段，都专注于类似数学最优化、概率论和统计学的专题内容。我们的职业就是整天和数据打交道，分析数据，创建数据库和报表系统，利用各种工具（包括电子表格、数据库、报表工具、统计工具、最优化工具和专业工程工具）来测试、操作数据，同时以有意义的方式理解、认识数据，具体地说，是使我们公司和曾合作过的其他公司据此做出更明智的商业决策。

我们从来没有给自己所做的研究贴上“数据分析”的标签，但是如果有人真的在研究数据分析，那就是我们。

广受欢迎的数据分析术语，人气越来越高涨。这些词似乎很快就火了起来。它被人们频繁地运用，突然出现在各种市场营销活动中，甚至一些公司重新将自己标榜为“数据分析”专家。不可否认，最初我们陷入了常见的陷阱之中，抵制这个词语，认为这不过是“老树发新芽”。我们认为自己不应当被愚弄，数据分析只是我们以前称呼的数学而已。

可是，我们不久后发现，这不仅仅是一个新名词，而且是一个蓬勃发展的趋势。并且，这样的势头能迅速让我们放弃抵抗。一个软件供应商说，如果你要实施公司的解决方案，就必须会运用数据分析；一些硅谷的公司说，每家公司都必须运用数据分析，否则就不会成功。

当我们阅读了更多的文章，采访了更多的人后，我们发现，数据分析这个术语正在被各式各样的人以截然不同的方式运用着。我们也看到，一些软件公司和某些产品看起来绑架了数据分析术语，而且运用它时，仿佛除了他们所做的工作以外任何东西都不是数据分析。从专业角度来看，这和我们的认知不一样。尽管我们知道，我们所做的内容是数据分析，但是我们担心，正是因为有许多人运用这个术语时出现前后不一致的情况，所以人们很难理解它。

渐渐地，我们承认除了自己研究颇深的专题外，或许有更多其他的故事可以研究。关于数据分析，确定曾存在过许多新的领域。不过，在开始探索之前，我们不可以先限定它到底是什么。

换句话说，数据分析领域没有一个得到公认的好的定义和描述。如果有人想知道，数据分析发展的趋势如何，我们很难给出一个完整的答案。让事情变得更加困惑的是，大数据迅速出现，并成为数据分析的同义词。

我们认为，如果我们处于困惑之中，那么其他人也会如此。当管理者现在被要求运用数据分析和大数据做更多的事情时，他们就需要准确理解那些知识是什么。所以，我们决定写作这本书，目的是帮助管理者和分析师更好地认识数据分析及其发展趋势。

这本书是针对想要知道数据分析及其发展趋势是什么的人而专门设计的。写作本书的目的是帮助需要利用数据分析来提升自己的组织机构，让它们看清大肆宣传的广告，找到清晰的定义，从而更好地实施数据分析的解决方案；本书也面向咨询顾问和软件供应商，以使他们能够帮助其客户取得卓越成果；面向那些需要评估分析解决方案，但可能又不知道从哪里开始研究问题的人。我们希望看到，更多来自各类不同组织机构的人能更好地运用数据分析。我们从管理者需要了解数据分析的视角撰写这本书。由于数据分析是一门技术性很强的学科，所以我们引入了某些技术细节。但是，我们这样做，只是为了帮助管理者获得更好的直觉和洞察力。可是，数据分析的领域非常宽泛，以至于很难在一本书中做到面面俱到，因此我们不得不挑选一些专题并控制深度。当然，不同的人需求可能是不同的，我们尽力提供足够的信息和参考资料，让读者从一个更好的视角来探索更加感兴趣的专题。

我们希望各种各样的人都能从本书中获益：管理者能从更好的视角评估和运营项目；某些领域的专家能知道他们的专业如何更好地应用于其他专业。我们还希望本书能够激发或给予读者一些好的想法，以使所在的组织机构凸显出重要的差异。如果运用得当，数据分析将无所不能，小到帮助企业建立新的经营策略并节省资金，大到帮助医疗机构拯救生命。

# 目　录

## 第2部分 数据分析工具

# 第 1 部分
# 概　　述

# 第1章 什么是管理数据分析

## 1.1 关于数据分析含义的疑惑

数据分析领域（及其常用同义词大数据）已经引发了许多企业管理者的无限遐想。

有些公司经常公开地声称：他们热衷于数据分析。通用电气（General Electric）最近宣布，为了充分利用自己的工业机器所产生的数据而大举进军“数据分析”。[1] IBM 和俄亥俄州立大学宣布成立数据分析研发中心，预计雇用多达 500 人来做数据分析研究工作。而谷歌则大力宣传自己内部的高级搜索功能的数据分析，并为其他公司提供跟踪自己网站的服务。这份所罗列的公司一览表及其他们所新公布的数据分析能力，将会继续更新发展。

对咨询公司和软件公司数据分析服务和产品所进行的推销越激动，越是会心存疑惑地认为，这些公司除了他们的营销信息里面包括“数据分析”这个词之外，并没有改变任何东西。但是，这样的怀疑观点并不能反驳如下的事实：很明显，对数据分析的需求是相当地多，否则这些公司不会尝试在第一时间跟进。

数据分析这个术语甚至进入了大众媒体。最常看到的情况是，它出现在大众媒体的商业部分甚至是报纸的首页。电影《点球成金》（基于同名书改编的电影）向我们展示了，聪明人如何使用统计数据来帮助奥克兰运动家职业棒球队以一种低成本方式来创建团队并赢得胜利，这可能是关于数据分析最能吸引公众眼球的精彩力作。那些密切关注政治的人士，也可能读到过美国前总统奥巴马竞选连任的原因就是大量运用数据分析来精准定位最有可能投票给他的选民。这些进军主流文化（体育和政治）的尝试促进了公众对数据分析的兴趣。

为了解决雇主的招聘需求和满足学生的就业意愿，一些大学开始提供数据分析相关的专业学位。你很可能已经在主流出版物中看到了关于对数据分析技能市场需求的探讨。[2]

可是，数据分析到底是什么呢？公司和记者更愿意使用这个词，而不是告诉你它是什么。倘若没有定义，你怎样知道你所做的就是数据分析呢？

你如何将数据分析应用于你的具体情况呢？你怎样知道，你的供应商确实卖给你一个数据分析解决方案呢？

然而，每当一个词具有如此好的内涵却难以给出定义时，就会出现那样的风险：当下一个流行词出现时，前一个流行词将被人们所遗忘。当首席执行官想要更多的数据分析项目时，经理就将这个数据分析词语放入到他们所有项目的标题上，此时本质上并没有改变他们所做的任何工作。供货商意识到，他们可以用数据分析来重新命名他们一直在做的事物，进而会卖得更好。如果某个批次的产品与数据分析这个词语有联系，则出售那些产品的公司就没有动力来澄清，如果它对你有利，为什么还要澄清数据分析这个术语呢？吸引人们这样做的部分原因在于，对很多人来讲，数据分析这个词语具有神秘色彩，而这使其听起来很复杂，进而带来了巨大回报，所以，我们最好这样做！

如果你想要正确地运用数据分析，那么如何知道从哪里开始？如何知道在何时、何地利用数据分析可以获得价值？实施某个数据分析项目、或者某个方案是否会比其他的项目或方案更好？

与数据分析同时出现使用的大数据这个术语，无疑增加了理解上的混乱。大数据术语也是一个没有很明确定义的术语。例如，大数据和大数据集有怎样的差异呢？还有，数据分析是否只适用于大数据？数据分析和大数据的意思是一样的吗？

这本书将为你排除困惑，并清晰地给出数据分析和大数据的定义。你将会看到，由这个新定义所产生的领域，因此你将对这样的术语有一个深刻的理解。

我们认为数据分析绝不仅仅是一个流行词汇或一种时尚潮流。数据分析经由有能力的人出色地实施，将会为你的公司或组织机构带来巨大的价值。数据分析适用于不同形态、不同规模的公司和组织机构。数据分析几乎适用于各种大公司、小公司，非营利组织机构和教育研究所，医疗保健和医药机构、政府机关、科学研究所、执法部门和军队。数据分析项目可以由组织机构的负责人、部门经理，甚至单独个体来牵头执行。但是，数据分析只有在你和你的组织的人知道它是什么，对它的内容可以清晰地沟通，并能正确运用它时，才能带来价值。

## 1.2　什么是数据分析

数据分析这个词由来已久，可是，现在是什么又让它流行起来呢？

硅谷的互联网公司起到了推波助澜的作用。这些公司运用“数据分析”这一术语意指跟踪谁在点击你的网站、他们访问了哪个页面、他们在买什么，等等。但是，很难想象，如果它的性能只是跟踪网站信息，那么它是如何迅速扩散到如此地步的。

销售报告系统（用行业术语来讲就是商业智能软件）的公司对数据分析这个术语的传播所起到的作用也不可小觑。这些公司声称，数据分析能以更简单和有效的方法来报告公司的数据。然而，如果它只是提供报告而已，那么数据分析也不会如此受欢迎。

我们认为，当哈佛商业评论发表了一篇名为“数据分析竞争法”的文章时，数据分析就迈入了主流的商业术语的范畴。此文是由托马斯·达文波特（Thomas Davenport）于2006年1月发表（同时出版了同名书籍）[3]的。在这篇文章中，达文波特强调像亚马逊、万豪、哈拉斯娱乐公司以及第一资本金融公司是通过在一系列活动中开展各种行业强度分析，取得了所在领域的主导地位。

对于数据分析术语来说，这是一个引爆点。实际上，这篇文章表明，人们应用数据分析可以解决更广泛的问题。它不只是一个细分领域（例如跟踪网站访问者，或创建更好的报告）。它的益处远不止于此。

但是，我们仍然没有真正弄明白，数据分析的定义究竟是什么。达文波特的文章给出了企业解决具体问题的例子。例如，万豪酒店利用数据分析来设定房间的最优价格，而第一资本使用数据分析来测验不同的价格、促销方式和捆绑式服务吸引什么样的客户群体。但文章中只是将数据分析定义为“收集、分析和使用数据。”换句话说，依据这篇文章，数据分析就是通过分析数据做出更好的决策。这个定义，尽管是正确的和严谨的，但是没有给予更多的指导。管理者不总是谈论如何用数据来做决策吗？是的，可是如今可以利用的数据量更为庞大。但是，仅仅是利用大量数据来做出更多的决策，这件事并不能帮助我们定义数据分析。

达文波特文章的贡献并不在于它对分析的定义。相反，这篇文章开启了数据分析的蓬勃发展运动。也就是说，它提出了如下的想法：许多人利用各种不同的工具来解决众多问题，而所有这些工具都被称为“数据分析”。

这篇文章将数据分析的思想看成是一个探索的领域（如同计算机科学或化学领域）。作为佐证的是，许多大学已经开始提供数据分析专业学位。致力于数据分析的专业机构，诸如INFORMS，也开始促进和不断完善这一领域。[4]

来自于学术界的学者和认真思考的商界思想家给出了数据分析的定义。当人们利用数据更好地做决策时，这个定义会将各种不同的目标进行细化分类。[5]我们将沿用数据分析的这一新兴定义，而且本书自始至终这样使用。综上所述，以下是数据分析的定义：

数据分析是利用数据获得洞察力，帮助人们更好地做决策的学科集合。它由下面三个分支组成：描述性数据分析，提供数据描述，报告数据并对数据进行可视化处理；预测性数据分析，利用数据预测趋势，识别数据关系；规范性（或称指导性）数据分析，根据所拥有的已知数据，依据未来所希冀的方向，为执行一系列的最佳决策提供指导方针。

换句话说，描述性数据分析的目的是对“已经发生什么”和“正在发生什么”提供一个认识理解；预测性数据分析的目的是告诉人们，将有可能发生什么；而规范性数据分析的目的是告诉人们如何应对。数据分析的这三个分支每一个都可以进一步细分，在本书后面将阐述这一点，同时各种不同的工具和技术都可应用于每一个分支。

数据分析的这个定义将经受住时间的检验。这个定义不仅充分定义了这个术语的意义，同时也允许其未来进一步发展。新的细分分支很可能会出现，新的工具也将得到拓展，而且人们将会有新的见解。这个定义为人们提供了理解和安排那些新变化的方法。

本书将对数据分析的这些领域中的每一个分支进行探究，提升读者的洞察力。请记住，虽然短短的几段内容可能涵盖数据分析的某个分支或某个分析工具，但这却有可能是一个大学的某些系、一些专业机构或一些公司致力于研究的分支领域或工具。我们绝不可以低估这些议题的重要性。

为了进一步帮助理解数据分析的分支内容，让我们来看看几个例子。

### 1.2.1　运用描述性数据分析的事例

最早的名副其实的描述性数据分析实例就是，在 1854 年伦敦致命性疾病霍乱暴发时期，约翰·斯诺所做的研究工作。当时虽然有许多现成的数据可以利用，但是这些数据却无助于人们控制疫情。因此，他决定将死亡的情况在地图上标出，以便查看是否能获得新的启发（参看图 1.1）。在这张地图上，小黑点代表死于霍乱的人所在的住所。当斯诺和居住于伦敦的其他人看到地图时，他们清楚地发现，这些代表死亡的小黑点都聚集在某个水泵附近[6]。这种处理数据的方法，帮助人们将霍乱暴发的源头锁定了在特定的抽水泵上。

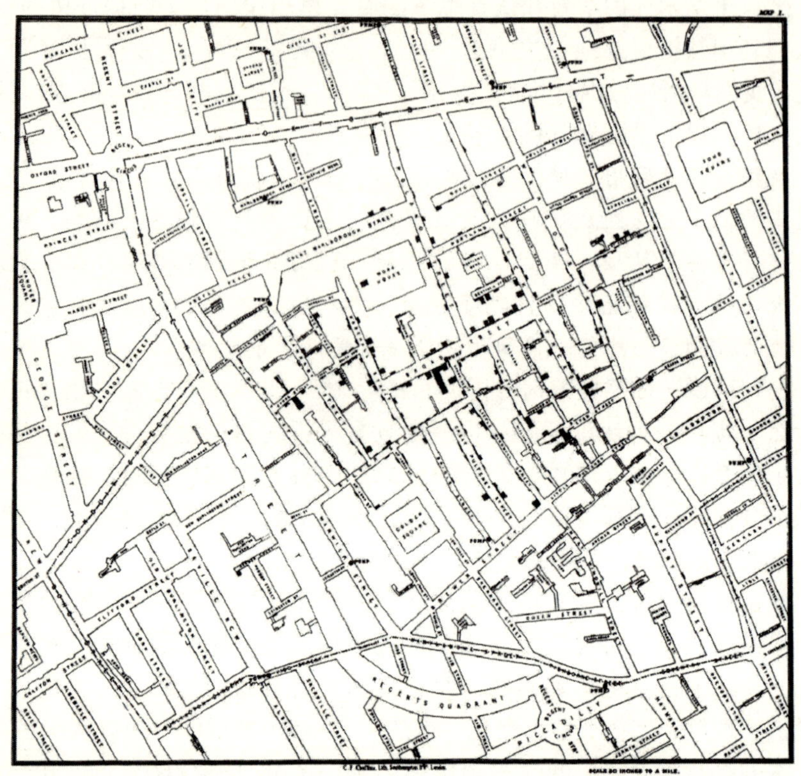

图 1.1　1854 年霍乱暴发期间约翰·斯诺绘制的地图

当然，在现实生活中，要让那些持怀疑态度的人相信那个水泵就是疾病的源头，这要花费不短的时间。但是最终，斯诺是正确的，而他的地图在说服人们的过程中起到了重要的作用。甚至有人说，这是流行病学的起点（流行病学是一门研究疾病模式和起因的学科）。在此案例中，斯诺利用新的方法将数据可视化，促使人们更好地理解，并有助于让其他人相信他的结论。这正是描述性数据分析的力量。

有趣的是，斯诺的思想以一种现代方法得到了应用，具体地说，在巴基斯坦的拉合尔市，它被用来帮助控制登革热（一种由蚊子作为传播媒介的疾病）的传播。拉合尔市卫生队利用智能手机上的一款应用软件来探测被感染的蚊子幼虫，将所获得的这个信息连同其他已知的感染情况一起标注在地图上。这种信息描述了登革热疾病的严重程度和传播潜力，帮助官员做出决定：哪些地方应该喷洒药物进行控制。这个巧妙的举措是对斯诺原有想法的现代化应用，体现了地理信息可视化的伟大之处。

6

“妈妈圈”[7]这个实例表明，只要稍加利用描述性数据分析的方法，就能帮助人们做出重大的战略性决定。最初脸谱网有一项应用叫朋友圈，一经推出就风靡一时，到了2008年，注册人数就已经增长至1 000万人。从表面来看，这项应用有潜力成为广受欢迎的社交网，然而其创始人，也就是脸谱网的首席执行官意识到了其中的问题，那就是几乎没有人真正地使用这款应用。因而，创始人明白了他需要的是真正参与到使用过程中的用户——而非只是许许多多注册的用户——来助其打造一个具有实际价值的公司。描述性数据分析就这样派上了用场。这位创始人开始关注那些实际用户的使用数据。在研究这些数据时，他发现，有一个小点的群体对这项应用的使用比其他群体都要来得频繁，这个小群体就是妈妈们。妈妈们参与度更高，交流时间更长，图片上传更多，这些都表明她们是一个快乐的社会群体。因此，朋友圈的管理团队决定对整个商业规划进行调整，将其命名为妈妈圈。可见，利用一种全新的方式来研究和处理数据，并加以理解认识，可以帮助人们做出如上所述的重大战略性决策。

### 1.2.2　运用预测性数据分析的事例

虽然可能人们没有意识到，但其实大家经常通过消费者网站和预测性数据分析打交道。现今，网飞公司（Netflix）、亚马逊网以其对预测性数据分析的运用而闻名。根据人们的评价（或者你的购买历史、浏览历史）和他人所做的评价，这两家公司会向客户推荐购买其他他可能会喜欢的产品。对一个门外汉来说，要理解这样良好的预测系统对这些公司有多么重要绝非易事，但是我们知道，网飞公司自身对此高度重视，这点从他们曾经举办的一个大型比赛中就可看出。比赛的对象是除了网飞公司职员和亲密的合伙人之外的人员，目的仅仅是找到一套更先进的商品推荐算法。在2009年，冠军队因能设计出比原本准确率高10%的推荐系统而赢得了100万美元的奖金。

现在，许多网站都在进行测试来预测哪些设计更为有效。比如在2008年，奥巴马竞选团队就设计了一个网站，目的是在注册的人中，争取尽可能多的联系人。一旦这些人成了邮件联系人，竞选团队就可以联系他们，以获得捐款或者志愿帮助。这个设计团队设计了一系列不同的按键，上有不同的标签（如“加入我们”“了解更多”“注册”），还选择六种不同的图片或视频。竞选团队并没有去争论哪种图片或视频的组合能获得更好的效果，而是采用了测试的方法。由于网站获得了足够的点击量，因此他们可以将任一组合随机分配给网站访问者，进行追踪和观察。这些测试在对照控制组（现有的设计）的情况下进行，来预测相应组合的改变会不会产生影响。结果，他们发现，有一种组合能够使邮件联系人的人数增加40%。据他们描述，这可以帮助获取更多的捐款数量，并且志愿时间也显著加长[8]。

### 1.2.3 运用规范性数据分析的事例

借用《最优化边界》[9]书中的一个例子来说明。当你使用GPS或者网上地图寻找路线的时候，你就接触到了规范性数据分析。在你输入起点和终点后，程序就会告诉你如何到达目的地（或者给出路线供选择）。但是大多数人并不知道的是，这是在应用最优化算法。

可能你也不会想到，肾脏捐献者和接受者之间的匹配同样是规范性分析的问题[10]。由于一个人只需一个健康的肾，所以一个健康的捐献者可以捐出一个健康的肾，移植给肾功能出障碍的患者。否则，患者就要用肾透析的办法，或者从死者身上获得一个肾。然而，等着从死者身上获取肾脏要花费很长的时间；再加上，由于知道从活人身上获得的肾脏可以帮助患者获得更好的生活质量和更长的寿命，因此肾移植接受者有时会从家人或朋友那里寻找帮助，找到一个人愿意提供一个健康的肾。然而，问题是，很有可能找到的肾和自身无法兼容。捐献者和接受者之间即使是家人和朋友的关系，也无法保证两者就能匹配。假设有这样一种情况，你需要一个肾，而你的弟弟刚好愿意捐出一个肾，可是你和他的肾无法兼容。此时，如果你们两个进入肾捐献者—接受者匹配数据库，就能找到一个能和你兼容的肾，而你弟弟也能找到能与他的肾兼容的接受者。这样一来，虽然你并没有真正用到你弟弟的肾，但正是因为他放弃了自己的一个肾，你才能从其他人身上相应地获取一个肾。

为了使肾捐献者—接受者数据库能发挥作用，负责匹配的组织利用数学最优化技术进行指导。也就是，他们考察所有可能的匹配情况，然后挑选出那些可匹配绝大多数人的配对，并提供尽可能的兼容性匹配。数学最优化工具使这一行为成为可能[11]。如果没有这项技术，人们根本不可能观察到所有的匹配情况。最优化方法将更多的人连接在一起，改变了更多肾病患者的命运，改善了患者的生活。

下面的例子所展现的是华盛顿自来水公司（DC Water）和可口可乐公司（Coca-Cola）如何综合利用三种不同的分析方法，即描述性数据分析、预测性数据分析、规范性数据分析来提高效率。从这两个案例中，人们将会看到，因利用数据分析而产生的不可低估的价值，华盛顿自来水公司和可口可乐公司通过将数据分析的三种不同分析方法相结合，找出了解决问题的方案。要是在几年前，这些方法却是怎么也想不出来的。

综合运用描述性数据分析、预测性数据分析、规范性数据分析的实例——华盛顿自来水公司[12]

华盛顿自来水公司是一家位于华盛顿特区的自来水公司，为超过 200 万用户服务，铺设的自来水管道长达数千英里，负责近 10000 个消防栓的维护和维修。这些管道的平均寿命已经超过 75 年。华盛顿自来水公司与 IBM 公司达成协议，共同合作，将自己从原来一个基本只使用纸质记录、只依靠有限数据的公司，发展成一个执行高效、综合利用描述性数据分析、预测性数据分析和规范性数据分析方法的组织。这个实例表明，数据分析的每一种方法都有其作用，并且相辅相成。

通过利用描述性数据分析，华盛顿自来水公司将市内所有消防栓的位置在地图上标出来。消防栓位置的可视化，能帮助公司制定更好的维护和维修计划；而在此之前，公司很难确定是否每一个消防栓都得到适当的维护。公司还为自来水管道配备了额外的传感器，为的是更好地监测自来水使用情况，及时发现异常。

由于水管老化的数量实在太多，水管出故障是个棘手的问题。以前，华盛顿自来水公司只是在水管出了故障之后再实施相应的措施。但是利用预测性数据分析之后，现在公司只需通过观察一系列的因素，利用数据模型，就可预测水管何时会出故障，这些因素包括水管的使用年龄、土壤条件（利用描述性分析帮助获取数据）、管压、邻近的水管问题等。这种方法帮助公司未雨绸缪，在问题出现之前就将隐患解除了；也促使公司把工作重心放在预防措施上面。

通过利用描述性数据分析方法，华盛顿自来水公司可以组织更好的路线，让维修队更快地赶过去解决故障。这样一来，维修队的工作效率得到了提高，燃料成本也得以降低。一旦明确每个消防栓的位置、当下的工作指令，或通过预防性维护项目，就可以更好地安排路线，派遣维修车和维修人员赶去相应的最佳地点展开工作。

综合运用描述性数据分析、预测性数据分析、规范性数据分析实例——可口可乐橙汁工厂[13]

《商业周刊》(Business Week) 曾刊登一篇有关可口可乐公司旗下一家应用新型技术的橙汁工厂的文章。该工厂的目标是全年生产高质量、口味一致的橙汁。文章告诉我们，可口可乐公司是如何利用数据分析方法来实现这一目标的。

作为描述性数据分析运用的一个例子，可口可乐公司利用在巴西各个橘园中拍到的卫星图像来确定不同地方生长的橘子何时成熟。由于能够以一种全新的方法来观测果园，可口可乐公司收获的橘子产量更高、质量更好。

可口可乐公司通过观察果园各地的天气模式，来预测分析来自各个不同地区橘子的质量。这种方法有助于判断收获的是何种橘子，还有公司是否需要收获来自其他地方的橘子（如果某个特定的地方长出来的橘子质量低下）。同时，可口可乐公司还通过分析橘子的成分来预测橘子的口味和甜度，以判断橘子之间的不同之处。比如，为了能够用数据来说明问题，公司需要决定，要使橘子的味道保持一致，甜度值处于 100 ~ 200 之间还是 155 ~ 175 之间。

最后，可口可乐公司利用规范性数据分析方法，来确定如何将不同质量、不同成分的橘子进行混合，为的是生产出想要的橙汁。数学最优化技术考察了所有潜在的可利用的橘子，然后用最便宜的成本，从各种橘子不同的化学成分中得出正确的成分组合方式，进而得到想要的混合产品。

## 1.3 什么是新的内容

根据我们给出的数据分析定义，人们可能会认为，数据分析中的许多学科都不是新兴的学科。人们的看法是正确的，确实其中许多学科已经广为人知，但也有很多新兴内容。我们接下来将详细讨论这些新兴学科，这里首先给出一个简介。

首先，应认识到，所有的学科都是彼此关联的，并且许多学科是数据分析的大主题框架下的一部分。现今，当人们综合利用数据分析中的不同分支来解决问题时，新的解决方式就会应运而生。

其次，数据激增开启了探寻许多新问题，给出探索事物的许多新角度以及流行趋势的可能性。然而，分析和总结相同的数据，因数据量过大及数据本身的复杂性，会需要复杂的工具和方法论。与此同时，为了充分利用每一个机会，组织机构需要具有能更广泛地配置工具和方法的能力，而不是像过去那样，只有组织内的个别专家才会使用。人们越是能够考察和分析数据，就会有越多的机会发现有意思的流行趋势，进而更好地经营生意。除此之外，数据激增引发新一波的创造力。从前，网络开发商认为，他们可以将两种或更多不同的服务和产品相结合以进行创新。这个过程被称为“混搭”。通过“混搭”，管理者可以获得大量的数据。他们利用来自各种不同数据源的数据，来解决新的问题，或者通过全新方式来解决旧的问题。“混搭”是需要创造力的。

第三，数据激增赋予了人们激情来创造新的工具，重新考察那些不适用于有限数据的旧工具，并以全新的方式运用旧工具。例如，当人们获得全数据，而不仅仅是数据样本时，就可以通过这些算法分析它，而这些方法在较小数据样本时是无法实现的（第 2 章将给出更多例子）。而且，利用大数据集合，数学家正在重新探索旧的领域。比如，拓扑学作为纯理论学科已经存在 250 年。当前，拓扑学正在被用于帮助人们将大数据可视化。最后，新的工具（或是其更新版本），如机器学习算法（后面将会讲到），正在走出实验室，走到商人的身边。

第四，利用大量在线商业活动与社交媒体的快速反馈相结合，数据分析使得运营测试更加容易。例如，公司对随机抽取的网页浏览者提供不同版本的公司主页，然后很容易测试哪种版本的网页反响更好，如销量更高、注册更多，或者浏览时间更长。随着越来越多的商业活动在线上进行，数据分析越来越能够帮助和影响企业决策。

考察数据分析领域什么是新内容的另一种方式，就是要考虑它如何改变管理者的做事方法。一家成功的网络金融服务公司的前总裁将此总结得非常到位。他说，他的工作已经不是去做决定，而是思考应该如何做决定。一旦他对于该如何做决定有了自信，就可以通过算法编程的方式来做出那些决定——利用算法来做生意。算法决定该给每一位访问者看什么内容的网页，为访问者提供什么样的服务，定什么样的价格。管理者需要做的就是确保算法程序的更新，还有获取额外的数据作为进一步可利用的资源。

最后（可能也是最重要的），人们对待数据分析的态度是崭新的：随着可利用数据的大量涌现，对可利用数据进行处理的工具不断增多，管理者认识到，可以通过运用数据分析来改进决策的情况越来越多。如果不能充分利用数据分析，就会有落后的风险。

## 1.4 哪种数据分析最好

当人们解释数据分析的三种分支类型时，通常会用图示法来阐释描述性、预测性和规范性数据分析三种分支类型如何相辅相成，如图 1.2 所示。人们首先需要进行描述性数据分析，其次是预测性数据分析，最后是规范性数据分析。图 1.2 经常向人们传达这样一种信息，即描述性数据分析难度最低，其附加的商业价值也最少。从另一方面来看，规范性数据分析被认为难度最高，其产生的潜在商业价值也最大。

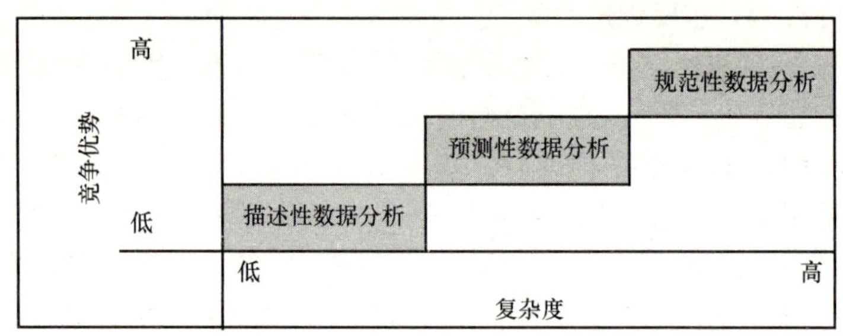


图 1.2　数据分析的三个分支类型

从可视形式上看，这种图示法让人赏心悦目，并具有讨论的意义和价值。此外，作为这本书的作者，我们过去也广泛运用这种图。然而，当前我们认为，这个图示法具有一定的误导性。虽然在某些情况下，它所表述的信息是无误的，但不是普遍精确，甚至有可能只在极少数的情况下才可以适用。

数据分析分为三种不同的分支类型，其价值和人们所需要解决的问题有直接关系，决定其价值的并非技术本身。相对而言，数据分析的每一种分支类型都会对商业有或多或少的影响，有些甚至可以彻底改变这一行业。

例如，如果你的描述性数据分析项目只是为更好地了解产品销售与地域的关系，你可能会从中得到一些有趣的发现，但并不能从根本上改变你的商业活动。从另一个方面来看，如果你的描述性数据分析项目要揭示客户更深层面的特征，那么最后很可能会改变你的整个商业活动，就像妈妈圈的案例一样。这体现了一种战略上的巨大改变。举另一个例子来说，一种良好的描述性数据分析被用于研究和癌症患者相关的数据集，这样的研究发现了对于各种不同类型的病人潜在的可能拯救生命的治疗方法。从此意义上来讲，你很难说描述性数据分析没有很大的价值。

对于预测性数据分析和规范性数据分析来说，也是同样的道理。从公司的整体战略角度来看，你可能会拥有许多好的项目，规模相对也不大，但仍旧在商业领域发挥相应的作用，同样，你手中会有一些战略意义重大的项目。例如，一种小型的预测性项目在某些商品上可能提高10%的预测准确度，这效果不错，但不可能改变整个商业活动；而亚马逊应用预测性数据分析来提出购买建议，其结果改变了零售业的本质。

对于规范性数据分析，我们认为，华盛顿自来水公司的运输路线节省了许多花费，但却没有从本质上改变商业活动。从另一个方面来看，可口可乐公司通过掺入橙汁来提高饮品质量，这种规范性分析结果则对产品具有非常重大的战略意义。在另一个例子中，墨西哥的中央证券托管系统（Indeval）运用规范性数据分析来解决证券方面的问题。这个系统可以决定如何搭配买家和卖家，每天结算业务量可达2500亿美元，同时可保管18个月以上的利息，总金额可达2.4亿美元，大大地提高了市场的流动性。中央证券托管系统表示，此系统是在2008年股市崩盘期间建成的，其额外的流动性允许人们单日期间的交易次数比其他国家都要频繁。美国的托管系统就缺乏流动性，这就意味着当证券价格快速下滑时，人们不能立即抛股，只能持股一段时间。很明显，墨西哥的中央证券托管系统运用规范性数据分析是非常具有战略意义的。

同样，我们也不能说数据分析的哪一种分支类型是最容易运用的。人们可以在简单的描述性数据分析项目里载入数据，使其成为一个更好的报表工具，以便立刻获取信息，或者也可花上两年时间，完成一个相对成熟的描述性数据分析系统，并得到所在组织中的每一项数据。预测性数据分析和规范性数据分析也是一样的：你可以利用电子数据表来完成任务，也可以花费几年的时间和一群人共同建立一个系统。

最后，执行这些系统也没有特殊的顺序可言。也许你会认为，首先需要做描述性数据分析来了解商业活动发生了什么。然而，如果你手中持有相关数据（大多数公司都会有），并清楚你想要解决什么问题，那么你可跳过这一步，直接进入预测性或规范性的项目中。在实际应用时，这种情况经常发生。在选择分析项目类型时，你需要考虑到有待解决的商业问题、项目的价值、项目的难易程度、团队技术及其他因素。

要是存在简单的路线图，让我们可以依照它来运用数据分析并得到尽可能多的信息就好了。然而，正是数据分析应用及工具如此之广泛，才使得这个领域内容丰富多彩，具有魅力。你拥有许多不同的选择，因此对于商业活动中每一个项目（不管项目规模大还是小）来说，都需要挑选一个最佳方法。

## 1.5 什么是管理数据分析

本书的书名为管理数据分析，所以应该定义它的范畴。管理数据分析研究为了更好地决策，管理者需要掌握数据分析领域中哪些知识内容，即从管理者的角度来看，所要学习认识的数据分析领域的内容。换句话说，管理数据分析可以帮助人们避免被欺骗或被众多各式各样的数据分析术语和解决方案所迷惑，让人们更明白哪些是可能实现的，并帮助你完成更多的任务。

管理数据分析阐述了关于描述性数据分析、预测性数据分析、规范性数据分析三者之间的差异，讨论了许多不同的工具及其适用的范围，同时它可以帮助透过那些流行词汇，更好地理解和认识解决方案。

希望你现在可以意识到，数据分析领域的范围究竟有多广泛。你甚至可以在数据分析中某个细小分支的领域获得高等学位。作为一名管理者，你不可能面面俱到，去了解每个细微的差别，但你应该了解，运用数据分析的各种不同原理可以解决哪些问题。你应该了解在一个具体的项目中，你要采取哪一种类型的决策来帮助你渡过难关。

考察这个问题的另一种方式是，人们经常把单一工具作为数据分析的方法，而我们希望，这本书对作为管理者的你有所帮助，为你消除疑惑，并更好地确定数据分析的哪一种分支类型适合你，以及在哪些项目里能派上用场。没有哪一种解决方案可以适用于数据分析的所有领域。这方面的专业知识应该有助于你选择那些满足完成目标要求的数据分析项目，进而指导你成功实现目标。

管理数据分析并不缺乏技术层面的资料。随着数据和数据分析的重要性与日俱增，如果想要成为一名成功的管理者，你不得不在技术领域有所造诣。尽管你不可能通晓各种不同的原理，但你起码要了解所给的数据分析解决方案的局限性所在，也就是要知道这个解决方案不能做什么。在许多情况下，数据分析的解决方案是通过单人提议的方法来呈现的，但不可能告知你：此解决方案不能做什么。供应商经常对他们自己的数据分析解决方案给出详尽的描述，给人营造一种单一解决方案可解决所有问题的假象。如果真是如此，那事情可就容易多了。

这本书包括了描述性数据分析、预测性数据分析及规范性数据分析背后足够多的关键技术，为的是使你能够知道一个项目是否已经步入正轨，你需要什么类型的专家。你可以更好地了解解决方案的相关细节，并全面认识到方案的局限性。换句话说，通过这种认识，你将不再被那些供应商及合作伙伴口中意义模糊的“数据分析”术语所欺骗或迷惑，而是变得清醒而睿智。

然而，管理数据分析并不仅仅是关于如何避免受到欺骗的学科，也是一门关于可能性的艺术。数据分析蓬勃发展趋势是实实在在的，因为它能产生实际价值。为了实现这种价值，人们需要知道运用数据分析做什么是可能的。所以，管理数据分析是关于如何能将数据分析应用到商业中的学科。我们这本书的目标之一就是，让人们能以一种全新方式来思考所在的公司或组织。也就是，通过考察各式各样的例子，了解数据分析的各个不同领域分支，从而以一种之前未曾想过的方式，发现增加价值的机会。这些新的理念最终可能会比你当前所开展的项目更为重要。如果你希望，你的整个公司或你所在的小部门能更好地运用数据分析，那么你和你的同事就能越多地知道什么是可行的，发现的价值也会越多。

最后，并非所有人都能加入大型的IT部门，并步入数据分析专家的行列。事实上，大多数人都做不到。所以，不要认为管理数据分析是那些大型公司才能做的事。相反，管理数据分析适用于任何规模的组织机构。管理数据分析可以为你提供充足的信息，进而帮助你充分利用现有的资源。从我们所看到的情况来看，大多数管理者拥有充足的空间，来利用他们手头上所拥有的数据和工具，以便更好地做出决策。不要等到有大项目才开始，你现在就可以开始了。

本书中剩下的内容致力于从管理者的角度帮助人们更好地了解认识管理数据分析。无论你所在的组织正在开展单一项目，还是整个组织推动利用数据分析来解决问题，你都会从这部分内容中受益匪浅。

这本书将有助于人们认识数据分析的定义，有助于人们了解如何综合运用数据分析的三种分支类型，并向你展示可适用于各类组织机构的实例。本部分内容还提供了一些案例和例子，帮助巩固在全书所学到的理念。此外，由于数据分析属于技术领域的范畴，所以本书也会讨论数据分析的技术方面。也可以跳过这部分内容，这并不影响本书内容的连贯性。但是，作为一名管理者，你对技术层面的知识了解得越多，就越能够更好地运用数据分析。

### 数据分析竞争法可否作为一个战略?

达文波特的文章《数据分析竞争法》(Competing on Analytics)，并没有给数据分析下一个定义。此文章写作的目的，是要证明那些利用数据分析解决最重大的问题，并在整个公司利用数据分析的企业，能比同领域的其他企业做出更出色的业绩。在这篇文章中，他讨论了一些能为企业所用，以便将自身打造成为具有数据分析能力的竞争者的方法。从该文中可清楚地得出如下结论：数据分析可以成为任何公司的一种高效战略工具。[14]

《数据分析杂志》(Analytics Magazine）上的一篇文章曾指出："从许多方面来看，商业数据分析是继商业自动化之后的又一项具有竞争力的突破，但其目标是做出更好的商业决策，而不仅仅是简单地自动执行标准化的程序。"[15]

而且，你会遇到许多其他类似的论断。

综上所述，我们就足以将数据分析竞争归类为一项战略。一位 CEO 可能会声称："我们将数据分析运用到最好，以便提高我们的竞争力。"

来自西北大学凯洛格商学院的本·赖曾斯坦曾提出"数据分析是一项战略，还是仅仅是一种能够帮助你做得更好的一种工具"的问题。他本人更倾向于后者。也就是，面对关于数据分析的天花乱坠的宣传（数据分析理应受到关注），我们可能会忽略数据分析可以有助于执行人们战略这一理念。所以，或许数据分析并不是一项战略，而是能帮助人们更好地执行战略的一种重要工具。

例如，《数据分析竞争法》这篇文章就列举了万豪的例子。对于一个连锁酒店来说，其战略可能是提供最好的商务酒店或最佳的休闲度假酒店，或是将业务延伸到每个商场和城市商业区。数据分析是一种能帮助连锁酒店真正执行其商业战略的方法，但是数据分析并不等同于实施战略本身。

如果数据分析是一项战略，那么你一定会想是不是每一个数据分析项目都具有价值。如果数据分析能为战略提供支持，那么这些数据分析项目与战略相关，你就可以对它们进行评判。

在达文波特和哈里斯合著的《数据分析竞争法》一书中，他们提到，数据分析并不是一项战略，但它有助于特定的商业能力的提升。[16]

另一方面，我们回来再看一下连锁酒店的例子。可以想象这样一种场景：一家酒店想要成为最好的商务酒店，并将运用数据分析来实现这一目标。这就和单纯通过雇佣服务导向型的员工，或拥有与众不同的销售团队来赢得客户青睐的战略，或者专注于在繁华的商城购买折价的酒店来降低房地产成本的战略形成了对比。这样的例子还可以列举很多。没有任何理由规定，一家公司需要通过运用数据分析，才能更好地开展公司业务。从这个意义上讲，数据分析是战略中一个不可或缺的部分。例如，运用数据分析来决定一家公司雇佣员工的类型，并决定这家公司在 IT 领域的投资形式。

达文波特和哈里斯提到，一些在数据分析方面做得最好的公司，都在他们的年度报告和新闻稿中提到了数据分析，而且这些公司的高层管理人员对数据分析都十分了解。他们甚至提及，这些公司的战略都是围绕着数据分析制定的——这说明数据分析在某种程度上讲是一个更接近于战略，而不仅仅是充当一个支撑的角色。[17]

考察这个问题的另一种方式是，将战略分成商业战略（致力于开展的业务是什么）和运营战略（如何实现商业战略）两种类型。从这个角度看，数据分析很明显是一种运营战略，为商业战略提供支持。

我们想要展示一种折中的观点，既不是过分颂扬数据分析，也不是降低数据分析的理念。我们对战略进行讨论的目的并不是为了提供所谓的答案，而是希望激发组织开展一场关于数据分析所扮演的角色的积极讨论。

## 尾注

1. “通用电气公司试图让机器更酷和更互联”，《商业周刊》，2012. 12. 6。

2. “数据计算——目前大学校园内真正的酷事”，《华尔街日报》，2013. 3. 1。

3. 这些故事来自《数据分析竞争法》。可以参看“非传统参考书目和扩展阅读”了解细节。

4. INFORMS网站（www. informs. org）说：“运筹学和管理科学研究所（INFORMS）是世界上运筹学领域（O. R.）、管理科学和数据分析领域最大的专业团体”。这句话提供了许多有价值的信息。

5. 这张照片公布在公众贴吧：http：//commons. wikimedia. org/wiki/File：Snow-cholera-map-1. jpg中。你也可以在下列网址找到这张图的最近更新：www. theguardian. com/news/datablog/interactive/2013/mar/15/cholera-map-john-snow-recreated。

你也可以在下列网站，看到它在对抗登革热方面的现代用法：http：//network-designbook. com/visualization-to-help-stop-dengue-fever/。

6. 这个案例研究来自免费电子书《数据分析经验与教训：精益数据分析的案例研究》，作者是阿丽斯戴尔·卡罗尔和本·尤可维奇。这本书列举了许多有趣的案例。它有一部姐妹篇《精益数据分析：用数据分析更快捷地创建创业企业》。妈妈圈的网址是：www. circleofmoms. com。

7. 这个案例的细节来自YouTube网站的一个最优化视频，名字是“从3000份A/B测试和多元测试中选取的最佳实践和经验教训”，作者是丹·斯沃科，是该网站的联合创始人和首席执行官。网址是www. youtube. com/watch? v = 7xV7dlwMChc。

8. 参看本书的“非传统参考书目和扩展阅读”了解《最优化边界》内容，而且作者史蒂夫·撒施哈拉在书中讲述了运用全球定位系统（GPS）的故事。

9. 肾脏捐献的信息来自ILOG（现在是IBM的一个业务部门）用户群（可以参看http://rcdn-3.brainsonic.com/c1/cdn/3/customers/ilog/20090203_dialog09/large_player/d2_r2_7.html），来自在NBC播放的短篇故事（参看www-304.ibm.com/connections/blogs/ILOGoemPartners/entry/using_ibm_ilog_cplex_to_saves_lives_with_smarter_healthcare1? lang = en_us），还来自学术论文“有效的肾脏互换：基于兼容性的市场偏好需求的巧合”，作者是阿尔文E. 罗斯（Alvin E. Roth）、塔伊丰·桑麦资（Tayfun Sonmez）和M. 尤特库·安伏（M. Utku Unver），2007年7月发表于《美国经济评论》。

10. 如果有1000个捐赠者—接受体相互匹配的数据库，就要分析大致500 000个不同的互相交叠的潜在匹配者。也就是，假如A与B一对一匹配，那么A就不能与C匹配。如果还要完成不同的三元组的匹配，就需要1.66亿个不同的互相交叠组群。当向数据库里增加更多人时，这个数量增加要比线性关系增加快得多（帮助更多的人完成配型是件好事!）。

11. 这个案例研究来自IBM。下列链接可以帮助我们利用这些资源：http://optimizationandanalytics.wordpress.com/2013/02/05/dc-water-and-ibm-a-case-study-in-analytics/。

12. 这个案例来自《商业周刊》的一篇文章，“可乐工程师：通过一种算法它是橙汁”2013.1.31发布（参看www.businessweek.com/articles/2013-01-31/coke-engineers-its-orange-juice-with-an-algorithm# r = com-s）。

13. 这个案例的细节来自IBM的新闻稿，网址是www-03.ibm.com/press/us/en/pressrelease/33290.wss。这个案例获得了INFORMS的爱德曼奖（www.informs.org/Recognize-Excellence/Franz-Edelman-Award），这一奖项是应用运筹学最有声望的奖项。这个网站上有许多应用数据分析的好案例。

14. 《数据分析竞争法》一书和同名文章以不同的方式提到战略。大多数文章在提及数据分析时都是作为总体战略的一部分。该书指出，“数据分析本身并不构成战略，但利用数据分析最优化某一特定义务当然构成战略”（P9）。同名文章还举例说，好事达保险公司（Allstate）开始“将数据分析纳入在战略之中”。达文波特并没有试图将数据分析定义为策略，但他确实对此思考了许多，同时增加了这方面的讨论。

15. 所引用的这句话来自关于一篇不错的数据分析类型与含义的文章，作者是IBM的欧文·勒斯蒂格（Irv Lustig），布伦达·迪特里希（Brenda Dietrich），克里斯特·约翰逊（Christer Johnson）和克里斯托弗·德泽坎（Christopher Dziekan），发表于数据分析杂志（*Analytics Manazine*）（INFORMS的在线上出版物）。本文网址是：http://analytics-magazine.org/november-december-2010/54-the-analytics--analytics-journey.html.

16. 参看尾注14。

17. 参看尾注14。

# 第2章 什么在推动数据分析蓬勃发展

## 2.1 数据是数据分析的原料

毋庸置疑的是，如果当今时代可利用的数据数量没有爆炸性增长，那么数据分析也不会成为如此广受欢迎的领域。数据是数据分析蓬勃发展必不可少的原料。

事实上，在现代社会出现大量数据之前，许多公司早就已经在收集大量的数据。信用卡公司过去一直追踪每一位持卡人的每一笔交易；通信公司留有用户的电话记录；谷歌记录了每一条搜索；沃尔玛和亚马逊记录了每一笔购买交易；此外，酒店、百货商店还利用优惠卡来了解顾客的喜好。在数据分析这个术语流行起来之前，这些企业早已投身于许多运用数据分析的项目中，这不足为奇。当然，由于这些企业广受外界关注，而且对它们商业上的成功大肆报道，其他企业也开始私下搜集更多的数据，并运用到商业中。

然而，在20世纪末至21世纪初期间，几个重大事件的发生导致了我们现在看到的数据巨量增长。

2000年1月1日之前，许多大公司升级信息系统来预防千年虫。这些信息系统可从许多诸如SAP（这是一家全球领先的企业管理软件解决方案提供商，成立于1972年，总部位于德国沃尔多夫市。译者注）、甲骨文成立于1977年，是全球最大的企业级软件公司之一，总部位于美国加利福尼亚州的红木滩。1989年正式进入中国市场。2013年，甲骨文已超越IBM，成为继Microsoft后全球第二大软件公司，译者注）、Infor（全球第三大企业级应用软件及服务供应商，提供行业专属、以速度制胜的应用软件产品及套件等。译者注）等公司买入，其信息系统通常被称为企业资源计划系统（ERP）。企业资源计划系统内含企业全部的金融财务数据、销售数据、生产和采购数据、人力资源数据等。在理想状态下，企业资源计划系统含有全部企业所需要的商业运营数据。到了21世纪头十年的中期，这些系统已经得到合理应用，帮助搜集大量的数据。

此外，21世纪头10年期间，将传感器和互联网连接起来的做法日益变得流行。在第一章中，我们已经提到华盛顿自来水公司将传感器与自来水管道网络连接起来。自 21 世纪开始以来，许多企业不断地将各种各样的传感器连接到机械装置和工业设备中去。通用电气公司最近宣布，其新式喷气式发动机将配有一个万亿字节数据库，来记录单程跨国航班飞行信息，因而公司十分乐于就数据分析相关项目进行投资。仲量联行是一家管理着诸多房产的大型公司，已开发出了一套用于监测大楼内所有设备（如加热器、空调、电风扇等）的方案，用于降低能源成本和维护费用。奶农们也正在安装传感器来检测奶牛的健康状况，虽然这听起来有些奇怪，但是在一头奶牛身上花费的投资本来就不小，时刻关注其生命体征可以帮助奶农们把奶牛照顾得更健康、具有更好的繁殖能力。射频识别（RFID，又称为无线射频识别，是一种通信技术，可通过无线电讯号识别特定目标并读写相关数据，而无需识别系统与特定目标之间建立机械或光学接触。这种技术作为构建“物联网”的关键技术，近年来受到人们的关注。译者注）标签被贴在零售产品上面，以此实时追踪产品从供应商到商场货架过程中的情况。毋庸置疑的是，传感器的应用无穷无尽。

在 21 世纪早期，网上交易开始突飞猛进地增长。于是，网站管理者意识到他们能够记录顾客的点击模式、浏览新产品的时长、浏览网页的时长，以此来帮助各公司为每一位购物者量身定制购物体验，向特定人士展示那些他可能有兴趣购买的其他产品。

智能手机成为获取数据的另一个来源。当你在逛商店的时候，它们能够获取你的地点，并对你进行识别。让传统的零售商倍感头疼的是，顾客虽然人在商店，可同时还在网上浏览其他竞争者的可选择产品。例如，百思买就非常担心自己正在成为亚马逊网站产品的展示间，即顾客在百思买商店浏览产品，然后去亚马逊网站购买。

21 世纪早期，社交媒体网站也开始发展起来，创建了一连串直接来自消费者的数据。然而，因为这些数据和公司所存储的传统的结构化数据具有本质上的区别，这些数据包括图像、视频和文本（内有许多拼写错误和语法问题），而不是简洁的结构化数据。

因此，管理者意识到，他们现在能够获取的数据数量是前所未有的。即使对于那些在 20 世纪 80 年代和 90 年代初就开始搜集大量数据的公司来说，这些获取数据的新来源也非常重要。当然，管理者就需要在现有数据中挖掘出具有真正价值的数据。

事实上，由于这些数据具备非凡的价值，有些人声称，对于公司来说，数据或许与劳动力和资本一样重要。也就是说，数据可被看成是一个促进经济增长的投入要素。[1] 因此，各个大型公司开始从数据中攫取价值，而其他公司也纷纷效仿。

虽然难以界定确切的时间，但可以确定的是，在 2005 年左右迎来了数据激增的引爆点。在 2005 年左右，新数据的数量级开始突飞猛进，让人不得不重视。到了 2008 年，基于数据爆炸这个事实，《连线杂志》封面故事上刊登了一篇颇具争议性的题为“科学的终结”的文章。此文认为，庞大的数据使得传统的科学方法黯然失色。[2] 科学方法依赖于提出假设，然后搜集数据来验证该假设；如果这个假设经得起验证，那么假设就变成了理论。但是，这篇《连线》杂志上的文章指出，现在你可以直接分析大量的数据集，然后得出结论。这些结论能够成为新的理论，是因为数据集大概包括了“所有”的信息。

正是这种可获取数据的爆炸式增长，创造了人们对数据分析的需求。

### 2.1.1　什么是大数据

可得数据的海量增长引起了公众的注意。在新闻报道中，经常出现大数据这个术语。虽然这个术语的来源有待商榷，但是技术人员依然会用这个术语来描述那些与传统数据本质上不同的新数据集。“大数据”已经成为一个流行的词汇。最近关于政府设立项目来搜集、分析数据的新闻报道提高了公众的意识。人们越来越意识到，许多正在被搜集起来的数据正是通过他们自己来完成的，有时是在他们同意的情况下，而有时却未经他们的许可。

大数据这个术语如此具有影响力的另一个原因，可能在于它正确地描述了一些根本性的变化。利用大数据，你能进入到利用传统的数据储存和提取无法进入的领域。也就是，你拥有的数据是如此之多，以致数据库都遭到了破坏。因此，对于信息技术专家来说，这个术语在描述各种不同种类的数据时是十分有用的。

谷歌、亚马逊、沃尔玛以及其他大公司（比如银行、通信公司），可能是最早一批遇到大数据破坏数据库这个问题的公司。大公司们不断地对大数据集进行处理，然后相应地管理它们的信息技术部门。例如，各大银行、最大零售商以及诸如谷歌、亚马逊这样的大网络公司早已设有信息技术部门，并在计算机设备和软件上花费大量的资金。可当时这些却没有引起公众的关注，也没有人对此有多少了解。

然而，很快许多小型公司和其他各种组织意识到，他们在面对新数据的巨大增长问题上遇到了麻烦，然后大数据术语开始流行起来。令人难以捉摸的不只是数据量的大小。正如数据分析这个术语，大数据的定义也让人难以确定。

我们发现，关于大数据，尽管存在三个良好的定义，但是人们对此并没有达成一致。有些人甚至用“大数据”来意指我们称谓的数据分析。在这本书中，我们将特意对这两个术语分开说明。

下面我们将清楚地说明大数据的这三种定义，如此一来，当你听到别人谈论大数据时，你就可以理解他们讲的是什么。

**大数据的第一种定义**

大数据的第一种定义是与信息技术紧密相关的。这个定义和此术语的词源有密切的关系。简单地说，大数据是指大量的数据，事实上，是指数据的数量如此庞大，以至于传统的数据储存和分析技术均遭到了破坏。很明然，这种定义暴露了术语“大”的缺陷。比尔·弗兰克在他《驾驭大数据》一书中，有意地避免为大数据提供一个确切的定义，而坚持认为，大数据只是比现代技术所能处理的问题较为棘手一点。[3] 他认为，人们必将能找到行之有效的技术方法，来解决今天所遇到的大数据集，尽管那些技术方法终将无法应对下一波的数据难题。

高德纳（Gartner）、IBM 及其他公司，基于这个定义进行了更为深入的探讨，并用三个“V”来界定大数据。他们认为，大数据在各个不同的方面打破了现有技术，并希望用以下三个“V”来捕获不同方面之间细微的差别。

- 大容量（Volume） 这是我们最常思考到的一点：拥有如此数量级的数据需要采用不同的技术。也就是说，由于你拥有如此之多的数据，你的服务器会达到满负荷状态，当你试图使用这些数据的时候，你现有的数据库就会崩溃。
- 高速性（Velocity） 这一类特性意指这样事实：数据正在以极快的速度获得。通常，数据一出现，就会需要我们进行分析。这种数据大多数来自于传感器和其他实时设备。对于诸如信用卡历史账单这样的传统大型数据集来说，你可以先储存数据，然后过一段时间后进行数据总结和提取。但是对于从传感器上实时涌入的数据来说，你可能需要运用其他的技术来监测这些数据，以便及时采取措施。例如，假如你需要监测一家化学工厂中的 1000 个传感器，而这些传感器以间隔不到一秒的速度传递给你大量的数据，同时监测质量迹象和机械故障时，你就需要采取某种方法来处理这种情况。
- 多类型（Variety） 这一点基于如下事实：获取数据存在许多来源，

并且以多种多样形式出现，比如文本、视频、图片。而且，许多数据是非结构化的。比如，美国智力节目《危险边缘》（Jeopardy!）的开发者在计算机“沃森”系统参加这个智力节目时，意识到研究报告和医学报告中有大量关于癌症治疗的数据（Jeopardy!（中文翻译为《危险边缘》）目前是美国哥伦比亚广播公司益智问答游戏节目。自 1964 年 Merv Griffin 一手创办以来，已经有数十年的播放历史，最早是在 NBC（美国全国广播公司）白天播出。此节目的比赛以一种独特的问答形式进行，问题设置的涵盖面非常广泛，涉及历史、文学、艺术、流行文化、科技、体育、地理、文字游戏等各个领域。根据以答案形式提供的各种线索，参赛者必须以问题形式做出简短正确的回答。和一般问答节目相反，《危险边缘》以答案形式提问、提问形式作答。在该节目的独特问答形式中，选手必须根据以回答形式给出的线索提示找出答案，并且以提问的方式回答。举个例子来说，当节目主持给出提示信息：“这是一种冷血的无足的冬眠动物”，选手应该回答“什么是蛇?”而不是简单地回答“蛇”，并且需要在极短的时间内回答。参赛者需具备历史、文学、政治、科学和通俗文化等知识，还得会解析隐晦含义、反讽与谜语等，而电脑并不擅长进行这类复杂思考。译者注）。虽然这些数据无法用传统的方法来储存或提取，但你可以想象到，这些数据能够提供多么巨大的价值。IBM 员工也认为，如果有人能够获得这些数据，那么他终将能够帮助医生更深入、更好地了解癌症的治疗。

偶尔也会看到有些公司提出其他的“V”，比如准确性（Veracity），意指需要用不同的方法验证数据的可靠性。当数据并非来自公司内部的时候，通常就是这种情况。但是无论是以上哪种情况，其核心思想都是：“大量”的数据。

**大数据的第二种定义**

我们认为，大数据的第二种定义是最能引发人们思考的。这个定义来自于维克托·迈尔-舍恩伯格（Victor Mayer-Schonberger）和肯尼斯·库克耶（Kenneth Cukier）共同撰写的《大数据时代》（该书有中译本——译者注）。根据这种定义，大数据指的是你可获得你所研究问题的“全数据”。

迈尔舍恩伯格和库克耶准确地指出，以前，统计学知识告诉我们，可以从少量的随机数据样本中获得深刻的洞察力，而现在，我们正进入这样一个时代，在这个时代里，我们再也不需要抽样数据，相反，我们可以分析全数据（universe of data）。这个定义向人们揭示出许多有趣的事情。

首先，这两位作者认为，当人们研究全数据时，算法可能比利用样本时来得更为精确。例如，关于语言文本翻译的算法，尽管历经了几十年的努力，但并未取得显著的成果。谷歌和微软的研究员发现，如果他们采用同样的算法用于处理更为庞大的数据，则这些算法的结果会变得更为精确。那些懂得两种语言的人开始认可，译作质量变高了。也就是说，不是采用数百万的参考译文数量，而是采用数十亿甚至数万亿的参考译文数量，这更能帮助提高译文的质量。这些额外的数据会使算法可捕获不同语言之间差别之处的更多细节。

其次，一旦拥有全数据，还能让你发现之前并未看到的模式。《大数据时代》这本书就曾提到加拿大的一个项目，这个项目致力于储存并分析早产婴儿生命体征的数据。起初，这个项目只是简单地就所读取的数据的同时进行信息分析，并没有对数据进行储存，从技术上讲，这个过程非常像抽样。当项目参与成员分析全数据时，有趣的模式就出现了。他们发现，在受感染之前的数个小时，婴儿的生命体征出人意料地正常，也就是全部婴儿的体征完全正常，这对于早产婴儿来说可是一件不同寻常的事。当研究成员抽样分析数据时，并未发现这个模式。过去，医生和护士可能看到正常的生命体征数据，并觉得很好，从而注意其他问题。可是，现在这些医护人员保持警惕的状态，并能立刻采取措施救护婴儿，来使感染的影响达到最小化。

换一种方式说，当你拥有全数据集合时，研究问题时你的精力集中在对数据的解释和分析上，而不必担心你所探讨内容的数据样本是否足够的大、是否具有无偏性和代表性。还有，通过上述加拿大的这个例子，人们可以认为，你只需要担心能否找到相关性，而不必担心能否找到因果关系。例子中，婴儿的生命体征为什么会在感染之前出人意料的正常，这件事本身并不重要，重要的是这种现象发生了。一旦知道这一点，就足以使医护人员去采取措施。当然，出于好奇心，许多人想要知道这种现象发生背后的原因是什么，但是这本书认为探究原因的问题确实是次要的了。

《大数据时代》一书有时看起来对统计学不屑一顾。我们认为，这是该书的不足之处。统计学是一门发展成熟、实用的学科，是数据分析重要的组成部分。当你拥有全数据时，你可能很少会用到传统的统计学知识，但是多多少少还是要用到。然而，这本书确实指出了很重要的一点：利用随机样本时，统计学非常好用，其实这句话中的“随机”是十分关键的词。对此，迈尔-舍恩伯格和库克耶谈到，现实生活中很难获取没有偏差的好样本。此书还指出，如果你能搜集全数据，并对此进行研究，那么能否找到一个随机样本就不再是问题了。

最后，如果你确实相信数据具有经济价值，那么获得全数据不失为一个好的选择。事实上，在某些情况下，作为辅助工作的数据搜集行为，结果被证明比主营业务更为重要。

另外，根据这种定义，大数据集的确不一定非常巨大的。例如，你可能研究某个具体的问题，而相关的全数据可能只需用一张工作表就可以全部罗列出。这些数据并非如此“巨大”，但是由于这些数据是关于某个问题的全数据，所以它仍然可以被定义为“大数据”。

我们认为，全数据就可称之为大数据这个概念是有问题的。比如，很难让人相信，你能搜集到给定问题的所有相关数据。即使你可能搜集到大量的数据，可是这些数据从某种程度上来说仍然是有偏的或非完整的。但是，我们依然喜欢这个定义，因为它为人们提供了新方式来思考将要搜集的数据。

**大数据的第三种定义**

大数据的第三种定义来自于大众媒体。前面两种定义都十分具体，将大数据定义为不同于普通数据集的形式，而第三种定义正在将“大数据”术语变成时下的流行语。当你观察到大众媒体是如何使用“大数据”这个词时，你会发现，它并不符合第一种定义，将大数据定义为十分巨大的数据集；同时，它也不符合第二种定义，认为大数据是全数据。尽管如此，我们不应该如此仓促地认为这第三种定义无足轻重，这些大众媒体上的文章往往十分有趣，能够带给人们某种新的见解。在这里，大数据的第三种定义是新数据集的创造性使用。

虽然这个定义不如前两种那样具体，但是我们认为它别具一格。数据搜集的费用正在变得越来越低廉。由标准的经济学知识可以预测，当某样东西变得越来越廉价的时候，我们的需求量会随之增长。对于管理者来说，关键是发现能够为组织提供真正有价值的新数据集。此外，将两组无关的数据集结合起来去挖掘新的价值，也不是不可能的事。与其拘泥于对大数据的精确定义，不如认为它既是挑战，也是机遇。充分地利用好那些通过全新的、创造性方法所得到的数据，来帮助我们更好地做出决策，为组织增加价值。

### 2.1.2　大数据能替代科学吗

在这一章的开头，我们曾经提到《连线》杂志上的一篇文章，论述的是大数据正在使科学方法黯然失色。其思想是，大数据集实际上暗含了所应该得出的理论。《大数据时代》表明，只有相互关系才是重要的，而因果关系并不重要。其论点是，如果你有了全数据，并发现了关联性，那么就无需了解这其中的原因了（例如，医生无需知道为什么某种生命体征的数据显示出感染发生，他们只需要明白感染正在发生）。

这些想法十分具有争议性，我们最好小心处理。人们发现了大数据集十分好用，而这个事实并不意味着科学方法失去了它的作用。

贾斯汀·福克斯写的一篇博文曾在《哈佛商业评论》发表，反击那种声称“大数据集使科学方法黯然失色”的观点[4]。他认为，简单地讲，科学方法是建立假设验证基础上，假设可以被证明是错误的。大数据集的出现并没有使这种方法过时。相反，那些有关大数据集的论断，或者关于大数据集使科学方法黯然失色的说法，常常具有许多隐含的假设。比如，隐含假设可能是我们在大数据集中所观察到的模式会一直适用于将来，或者假设大数据集实际上是全数据。即使忽视这些假设，也不能使科学方法消失；事实上，这会导致做出错误的决定，而且不一定会自然而然地引导人们发现新的理论。

纳西姆·塔勒布所撰写的《黑天鹅》一书，阐述的是这样的事实：预测罕见事件是不可能的。其思想是，如果你所看到的一直是白色天鹅，那么就无法预测到黑天鹅的存在。他还指出，根据观察到的数据所建立起来的模型仍然是不准确的，因为可以确定的是，将来终会发生一系列事件，从而产生未来异常值数据点，使你的模型失效。塔勒布的这本书聚焦于金融建模，并将他的理念付诸实践。传统的金融模型认为，将来就像过去一样，而他提出的理念却与此背道而驰；正是这样，由于知道意外事件终将发生，他才能够从中赚大钱。

因此，关于大数据（被定义为巨大数据或者全数据）我们需要注意的是，它会带来许多有价值的见解。但是，它一定不会取代思考。

### 2.1.3 在缺少大数据的条件下可以做数据分析吗

重要的是要记住：在不利用大数据的条件下，你可以实施好的数据分析。你的数据集不一定要庞大，不一定要包括全数据，甚至不必那么具有创造性。

弗兰克在《驾驭大数据》书中问道：“大”和“数据”，哪一个更为重要呢？他的回答是两者皆不重要。他说，重要的是你从分析数据、处理数据中所获得的价值。

描述性数据分析、预测性数据分析、规范性数据分析均可用于处理任何数据集合。根据我们的数据分析定义，无论你使用的数据是“大数据”，或者仅仅普通的数据集，都是无关紧要的。你可能需要使用各种不同的技术，这要取决于所用数据集的规模大小，不过数据分析的类型依旧是描述性数据分析、预测性数据分析、规范性数据分析。例如，我们曾经看到，有些公司用 Excel 表格制作复杂生产计划，而对于沃尔玛来说，由于具有 100 万客户的交易数据，并构成一个超过 2.5 拍字节的数据库。[5] 如此庞大的数据集，不可能用 Excel 表格来分析。

我们看到，虽然许多组织拥有宝贵的数据集，但是尚未有效利用。你或许发现，你拥有一些数据集，并能立刻着手进行分析。这种做法能更好地帮助你确定将来最终想要搜集什么样的新数据，并加以分析。

## 2.2　检验促进数据分析的发展

正如我们在前一节所看到的，数据数量级的急剧增长点燃了人们对数据分析领域的兴趣。然而，将人们对数据分析领域产生的兴趣全部归功于数据，这是不公平的。某种信任源自于人们对科学方法及其建立可检验的假设方法的信赖。

科学的快速发展是基于如下简单的想法：我们建立可检验的假说，然后利用数据逐一验证其有效性。随着科学领域不断地获得成功，这样的思想进入了商业领域和各种组织中。虽然和科学领域相比，商业领域并非那么严格地实践这个想法，但是利用实际数据来检验的思想在商业中由来已久。因此，随着搜集数据的难度不断减小，许多商业领袖愿意利用数据来检验自己一个又一个的想法。也就是说，商业领袖知道，与其仅凭直觉，不如用数据作为支撑，通过检验结果来帮助他们更好地做决策。

随着互联网公司的崛起，检验成为一种越来越流行的方法。这些公司很快地意识到，执行检验几乎不花一分成本。他们可以检验是绿色按键，还是橙色按键能拥有更多的点击量。还可以检验某项商品的价格变化所带来的影响。如果网站的流量足够大，那么他们能及时地收到反馈。在第 6 章“预测性数据分析”的“A/B 检测”一节中，我们将给出更多的讨论。

例如，Airbnb（Airbed and Airbreakfast 的缩写，读为“Air B&B”）是一家匹配租客和房主的在线网络公司。这家公司在网站上，通过专业摄影照片来进行检验[6]。具体想法是专业摄影照片能够给租客更具说服力的感觉。所以，公司设计出一种简单的检测：首先用专业技术拍摄了一些房间的照片，然后将其与对照组的做一比较。统计数据预测，这种做法促使预订数量增长了 2～3 倍。如此一来，Airbnb 就可以放心地在拍照上多花费一些资金，并由衷地相信这项支出是值得的。可见，一项好的预测检测非常有效，可以帮助公司确定他们的想法是否可行。在这个例子中，Airbnb 公司并没有口头争辩是否采用专业拍摄照片是否更有效，而是运用科学检验方法来判断这种想法是否行得通。

请记住，在商业领域运用科学方法可不是什么新的举措。利用科学方法来检验假设是十分有影响力的想法，许多企业高管很久以前考虑到了这一点。吉姆·曼兹为商业检验的发展奠定了基础，在他《失控》一书中，列举许多更为传统的商业检验案例。[7]

曼兹的书指出，医学领域一直以来都采用随机化检验，这是对科学方法思想应用的具体体现。比如，为了确定一种新药是否有效，你需要仔细地选取一组随机病人，同时对其中的一半病人使用药物治疗，而另一半则对其使用安慰剂。然后，观察治疗是否有效。其核心思想是你需要一组随机病人。生物体内的化学过程是十分复杂的，只有通过选取随机病人组，才能有效地将其他因素保持固定不变，并以此检验治疗是否有效。如果病人组并不是随机选取出来的，那么就有可能存在某种潜在的（无法解释的）因素导致有些病人的治疗效果比其他病人的更加有效。

曼兹提到，这种随机化检验也应该用于商业决策中。商业领域和生物体一样复杂。随机化检验是将其他因素保持恒定，只检验某个想法是否有效的好方法。当然，物理检验（比如改变商店的布局）比网络检验（比如改变按键的颜色）更难实施。虽然物理检验的花费更高，事实上，许多公司还是用物理方法检验他们的想法（他们深受科学方法的影响）。如果你想要使自己的检验更加严谨、更具科学意义，不妨考虑使用随机化检验。

随着获得的数据越来越多，公司管理者提出应该检验更多的想法。数据分析领域为人们提供了这些检验的方法。因此，从某种程度上来说，检验和科学方法也为点燃人们对数据分析领域的兴趣做出了应有的贡献。

## 尾注

1. 劳动力和资本一直被认为是重要（通用）的经济投入要素。现在人们提议将数据加入其中。我们第一次读到这个概念是在 2010 年 2 月 15 日《经济学人》杂志上（参看 www. economist. com/node/15557443）。从此以后，我们在其他场合也看到过这样的说法。2013 年 8 月 13 日《纽约时报》刊登了一篇文章，作者是詹姆斯·格兰兹（James Glanz），标题是《大数据是一枚经济哑弹吗?》。他认为，大数据的影响并不能真正地揭露经济指标，因此将数据加入经济投入要素当中显得为时过早。

2. 这是 2008 年 6 月 23 日《连线》杂志的内容。此文坚持这样一种观点——理论的终结：海量数据使科学方法变得过时，作者是《连线》杂志的主编克里斯·安德森

(Chris Anderson)。

3. 参看本书的“非传统参考书目和扩展阅读”，2012 年比尔・弗兰克斯的著作《驯服大数据浪潮》的推荐文章。

4. 此处链接到贾斯汀・福克斯 2010 年 10 月 4 日的博客，网址为 http://blogs.hbr.org/fox/2012/10/why-data-will-never-replace-thinking.html。

5. 参看第 2 章尾注 1。这条信息来自那篇文章。

6. 这个案例来自第 1 章尾注 7 的 YouTube 视频。

7. 参看“非传统参考书目和扩展阅读”对《失控》一书的简短总结，作者是吉姆・曼兹，于 2012 年出版。

# 第3章 数据分析思维方式

成功的数据分析项目并不会自动地执行，而必须要由组织机构内的人员来实施和运用。执行数据分析的人员必须小心翼翼地选择一些正确的工具，认真地建立模型，然后做数据分析，以便于其他人能够理解并相信由数据分析所得出的结果，并据此采取行动。

换句话说，为了高效地运用数据分析，组织机构需要用逻辑方式来分析问题、思考数据，并采用正确的思维方式。这说起来容易，做起来难。所以，为了正确地运用数据分析，本章将致力于帮助你和你的组织机构发展可以针对任何数据分析项目的正确思维。

## 3.1 管理数据盲

为了帮助你理解公司能够高效使用数据分析意味着什么，也许从相反方向“管理数据盲”来认识会有所帮助。如果数据分析需要以逻辑方式来使用和思考数据，那么管理数据盲就意指不具有采用逻辑方式来运用和思考数据的能力。

我们可以从约翰·艾伦·保罗（John Allen Paulos）的《数据盲》一书中看到这个概念。他在书中曾经讨论过由于不懂数学而做出不好决策的人都是因为他们是数据盲。有趣的是，他在书中提及了今天还能够看到的情形：受过高等教育的人会毫无愧意地吹嘘或表示他们不懂数学。例如，时常听到有人说：“我是一个不喜爱数据的人。”与之相对很难想象一个受过教育的人会吹嘘自己是一个不懂“文字”的人（也就是不识字的人）。保罗认为，如果你果真是数据盲，那么就非常容易被广告、政客或你自己的资金所左右。

企业或组织内部的数据盲很不明显，这是因为季度或年度报表必须要严密仔细地完成。但是如果许多人在他们的生活中果真是数据盲，那么他们很有可能也会对其组织带来数据盲的影响。

组织机构内的数据盲，会以各种各样的形式出现。一种很常见的情况是仅有几个精通数据的员工的组织，选择少数会计师来准备财务报告。同样常见的是，的确有个别管理者是数据盲，并且不想要依靠数据与分析来做决策。然而，越是隐蔽，或许就更危险，因为没有人意识到这点，数据盲会出现在例行和数字及数据资料打交道的、且对那些数据似懂非懂的情况中，人们感觉不到数字缺乏内在一致性的，因而无法发现数据被错误地用于组织中。

下一节给出几个探索数据盲的例子。

### 3.1.1　计算能力的错觉

某些组织可以利用我们称之为计算能力的错觉来欺骗他们自己。当公司看起来是在运用数据来做决策，但不会怀疑得出最终数据的计算过程与假设时，就产生了这种错觉。例如，我们的作者曾经在一家企业实习，该企业要求购进任何新设备都要有 20% 的投资回报。经理想要购进一台新的设备，新的设备要比原设备的效率高 25%。效率提高 25% 后，其实新设备的投资回报率只有 15%。此时，该经理的一种简单做法是，重新计算投资回报率，将效率提高为改变 40%。这就是他会做的事，让购买新机器显得非常合适。从表面上看，这家公司是在使用数据做决策，但是很明显，计算过程并不是十分严谨或者说是非常不值得信赖。在此情况下，其实非常清楚，这就是错觉：人们只是为了达到预先设定的目标而编造数据。

另一个计算能力错觉的事例是，运用数据对各种不同备选情况进行分类，对数据赋予权重，然后得出答案。这正是杂志上对商学院排序的方法。这样做要考虑许多因素（比如起薪、教授所发表文章和出版书籍的数量、师生比等）。该杂志接下来对每一种因素分别打分，将分数加在一起，然后得到学校的排名。乍看起来，其统计结果非常科学，但是，实际上这个过程存在两个主要问题。首先，许多因素的评分常常是非常主观的。其次，或许更重要的是，每一种因素所占的权重也是非常随意的。如果对于不同因素赋予不同的权重，可能导致完全不同的排名。所以，此方法本质上就存在计算能力的错觉。如果仅根据单一因素来计算得到的排名居首位的学校，这样的结果可能是非常合理的，但问题是，现在的排名都想努力提供一个全面的合理的名次。当公司需要在多个选项中选出一个来进行投资时，往往也会使用此类方法。他们通常要么对每一个决定的不同因素进行打分，然后将分数加起来，要么简单列出其“优缺点”的列表，并针对列表进行讨论。在上一个案例中，每一个人都会对每一个因素分配对应的权重，而此过程通常并不是缜密的。你可以反驳说，这些决策中的某些很难做决定，你是正确的。但是你可以使用一些技术，比如说有效边界理论，我们稍后将详细论述，该方法可分析对多个不同因素授予不同权重的问题并得出结果，从而使得人们做出合理的决定。你可能权衡起来依旧很难，但是至少你不会被一个毫无意义的单个数值排序方法所愚弄。

另一种微妙的计算能力的错觉形式是经常遇到的说法："你是这样认为的，还是你能确定呢?"管理者通常用这样的说法来显示自己是使用数据和数据分析的，他们想要获得不止一个观点。但我们经常看到的情况是，被提问者往往是已经知道确切答案的人。这通常会引领你走上计算能力错觉的道路。你可能知道上个月运送100件货物，然后你做大量分析后决定，下个月要运送125件。不幸的是，你无法确切证明这件事。然而，如果你已经做良好的预测性数据分析，你就应该能说出，你所做的预测有多么自信以及可能的运送件数范围有多大。即使你的自信并不完全是事实，当你做决策时，这也是非常有价值的信息。我们不应该强迫自己去假装知道不知道的事情，但另一方面，良好的数据分析要求我们可以讨论答案的可信性以及可能的结果范围。

计算能力的错觉也可以出现在那种销售价格高、产量低的商业销售预测中，例如一段时间内只能卖出少量元件单位的航空公司，或者一段时间内只能赢得几份新合同的工程建筑公司。一些组织将根据前些年某一季度的业绩来预测未来年份该季度的业绩。这个数字就叫做"预算"或者"季度数据"。因为一单或两单交易可以在很大程度上改变历史数据，所以这些数据或许不是非常精确。虽然这些预测数据能够起到激励员工的作用，但管理者应该意识到这些数据并不精确，并且不要让这些数据影响到其他的预算规划活动。

计算能力的错觉也出现在价格和需求经历大幅波动的商品市场中。美国通用电气的前任首席执行官（现在常作为作家身份出现的）杰克·韦尔奇（Jack Welch），向我们讲述了商品市场的预测是如何破坏计划活动的[1]。据说，韦尔奇先生主要是管理非常稳定的工业商业部门。他给每个商业部门一个目标，比如下个季度提高1%的利润率。每个季度，每个部门的管理者都为这个目标而努力工作，并且报告各自部门的业绩。有的部门达到0.7%，而有的部门则达到1.4%。这就带来了几百万美元的盈利，此过程将从下个季度重新开始，下一个季度依然有另一个1%的改进目标。这是改善业绩、预测未来结果非常有效的方法。一段时间后，通用收购了一家价格变化波动大的商品公司。当轮到这位新管理者报告季度改进时，对于他来说，用提高1%作为目标是无用的，因为依据他所在市场上的商品价格，他可能已经损失3亿美元或者5亿美元的利润。换句话说，基于过去时期数据的稳步改进的预测并不适用于这个行业。韦尔奇先生承认，也许不是很容易用通用电气的投资组合来拟合的商业活动：它需要一个不同的预测和规划方法。预测它就像其他商业单位有计算能力的错觉一样。

### 3.1.2 过滤谬论

当运用复杂的数据分析技术时，重要的是不要过高估计所用系统的准确度。某些系统可以高精度地进行研究，对于这些系统而言，细粒度的数据解决方案不仅仅是可能的，事实上也是必须的。

金融系统为我们提供了一个非常好的例子。思考一下，当人们估计巴菲特的净资本总值的“估计值”时，绝大多数人会考虑所能公开获得的信息量的极限，而不是人类的知识极限。《福布斯》杂志的记者只能猜测巴菲特的资金的市场地位，但你可以放心，巴菲特（或者他的会计）知道确切的钱数。

类似地，金融领域通过精密的数据分析不仅会带来丰厚的利润，也会带来故事，不管是真实的还是虚假的。在大众文化中，储存一笔“不义之财”是对一种无法轻易察觉的白领犯罪的比喻（例如，电影《上班一条虫》(*Office Space*)）（这是美国20世纪福克斯电影公司发行的喜剧片，由导演迈克·乔吉执导，朗·里维斯顿、詹妮弗·安妮斯顿等参加演出，于1999年2月19日在美国上映。译者注）。高频率的商品交易会产生非常小的利润，而小的利润加在一起就是一笔大的利润流。一般地说，交易系统可以理解成：任何一点的改进都是值得追求的。

然而，这些经验时常被应用到不适用的地方。在描述性数据分析中，有这样一种误解，我们称其为“过滤谬论”。此种误解是因为他们相信非常小的改进总是可以通过财务账目表上的盈亏数据中过滤出来。

如果一家公司大致有5%的利润率，即当公司的年度预算是花费9500万美元时，收益为1亿美元。一个谨慎分析师可能会建议，当改变商业活动的某个方面时，可以降低物流成本200万美元。而供应链的管理者会说，对于你我而言，200万美元可能是一笔很大的钱，但是它仅占我们公司日常开支的2.1%。此时分析师可能会回应：“是的，它只是你预算的2.1%，但那些省下来的钱计入财报的收益中时，则会增加40%的收益。”

在此情况下，分析师可能犯了过滤谬论的错误。他假定，节约的200万美元可以直接进入年度收益的计算当中。对于某些情况而言，这是合情合理的假设，但在另一些情况下，这可能反映出了分析师对数字精确度的理解不够到位。

假定这200万美元节约是通过某种成熟并易懂的技术改进而获得，例如通过应用传感器来保证轮胎气压适当，进而提高车队的里程数从而节约成本。分析者此时将节约的金额建立在车队年平均行程的英里数以及传感器运用时所产生的效率改进之上。在这种情况下，这 200 万美元的节约或许可以带来可靠的收益。只要这些车辆的行驶里程数有所改进，通过年度行驶总距离的提高，利润收益将有实质性的提高。

但是，现在设想一下，如果这笔节约款是来自一个相对投机的改进。假定分析者提出对行车路线的中枢结构进行一次彻底的重组（类似于航空公司、运输公司通过连接本地路线和中心枢纽来向大城市以及周边节点输送产品）。如此一来，路径方案将会发生巨大的变化。长途运输将货物运到枢纽中心站，再用短途运输将货物运往外地。假定所有事情都按计划进行，这种新型系统会将总运费的支出降低 200 万美元，利润增加 40%。在这种情况下，很明显事情可能并不会按计划的剧本去发展。也许顾客的要求会偏离预期，迫使货物运往那些离新枢纽中心较远的地区，远离那些地理区位优越并容易开发的地区。这个公司在使用相对便宜的货车向新枢纽中心运输货物方面基本没有经验。他们的可靠性或许会降低，并且招标价格也可能提高。新的枢纽中心或许在人们眼中并不是有利的工作位置，并使得一小部分骨干人员跳槽另寻他处。这些阻碍都会导致预测节约的 200 万美元消失，并造成利润的下降。

当然，生活中每一个变化都可能出现意想不到的后果，但是，某些变化会导致意想不到的结果的概率显然大于其他事件。过滤谬论假定，改进将通过系统过滤出来，并不受那些不可预见事件的副作用影响。因此，这里谬论更多的是哲学上的而非数学上的。当我们犯了“过滤谬论”的错误时，我们理所当然地假定我们对系统有足够的了解并足以实施微小的改进。当这些改进确实是由微小的变化所推动时，我们的假设就是非常合情合理的。但当促成变化的因素分布广泛并具有一定系统性，这就达到了荒谬至极的境界。

这给我们上了数据分析的关键一课：有时候，基于数据分析的最好决策是维持现状。这种结果不应该被看成是一种失败。相反，应该将它看成是依靠勤奋努力而得到的、可接受的结果。一位数据分析者得出如下的结论，当前系统已经和最佳的系统“足够接近”，因此不值得冒风险去进行大面积的改动。由定义可知，某些预测是失败的。但这些失败应该被看成是基于数据分析来进行决策过程的一部分。

### 3.1.3 一点改进的益处

上面讨论了管理数据盲的几种类型，当然，人们也要小心其他类型的数据盲以及逻辑谬论。[2]

许多人坚决主张，商业公司和组织为了生存就必须认识理解推动其商业的数字与数据。当然，如果你的竞争者运用数据分析而你却没有，那么你就明显处于劣势地位。甚至在商业之外的领域，例如非营利、教育或者医疗保健等方面，人们也坚决主张（我同意这种观点），越是凭借数字及强有力的数据分析来做决策，就越是有助于这些组织更好地获得他们所想要的结果。

因此，为了让数据分析运动蓬勃发展取得成功，人们必须克服那些管理数据盲。对于个人和组织来说，这或许是一个挑战，因为这可能会要求人们学习新的数学技巧，同时采用更富有逻辑性的方式来研究数据。好消息是，即使是计算能力上很小的进步，也会产生好的影响。

## 3.2　数据分析是一种思维方式

想要克服管理数据盲，全面了解数据分析领域，人们必须要有数据分析的思维方式，这种思维方式要求人们采用有逻辑的方式运用数据，来辅助商业决策。这过程中经常需要用到复杂的模型。为了最大限度地利用这些模型，需要充分认识模型的优点和缺点。你也需要具备质疑模型运算结果的能力，能判定何时模型能计算出正确答案，同时要知道每个计算结果的可信程度有多少。

凯撒娱乐公司的总裁加里·洛夫曼（Gary Loveman）在讲述“我的工作是询问一些尖锐的、令人烦恼的且具有攻击性的问题”时，概括地总结了数据分析思维方式。他说得非常正确：为了从数据分析中得到最大利益，你就需要询问一些尖锐的问题，并且需要借助模型做很多的工作。在某些情况下，询问问题及体验整个过程，跟从数据分析模型所得到的最终答案一样可以教会你许多商业知识。[3]

或许人们会好奇，为什么我们需要针对数据分析模型提出一些如此尖锐的问题。难道我们不应该让结果来指导我们的解决方案么？

首先，数据分析模型和许多其他类型的项目一样，可能存在漏洞或设计上的错误。通过询问一些尖锐的问题及进行相关的测试，你会对你的模型有更大的把握。从某种程度上看，创建数据分析模型和创建软件工程项目是相似的。任何在软件开发方面有经验的人都会告诉你，开发第一版软件时都会有程序上的错误，甚至可能会有许多错误。这并不是什么丢人的事情。事实上，能认识到错误出现的可能性就能使人们更快速地找出清理并修复错误的方法。即使你努力使初版就没有漏洞，你也有可能不会成功，更糟糕的是，由于第一版推迟发行，会使其势头大大削弱。

第二，数据分析模型的优点与缺点并存。甚至对于解决方案的设计者来说，最开始对其优缺点的认识都是不清楚的。在创建模型的同时，许多假设也随之做出。许多假设都非常含蓄，并没有以显性方式做出。在设计过程中做一个决策，其他假设无意之中也随之产生。例如，在尝试预测某个地区新开的星巴克咖啡厅如何影响附近另一家星巴克的销量时，某个人创建如下的模型，其假定人们会选择离家最近的那个店——这个假设看起来非常合理。然而，这个假设很不可靠。假如一家商店离家远但离公园很近，人们都愿意去那个公园坐坐或喝杯咖啡，这就会导致人们即使多走一段距离也想去那个星巴克。这里的隐性假设是可以通过人们居住地点来预测到店的人流量情况。其实，也许结合人们的工作地点，接送孩子上学的地点或者常去的健身中心的地点，你的预测会更加具有价值。

第三，你需要认识理解模型本身以及结果。我们会发现：模型越是复杂，人们就越不愿意询问问题，当然我们不应该这样做。模型复杂并不一定意味着它就是正确的。一个复杂的模型可能会有更多隐藏的假设及隐藏的缺陷。或许复杂模型会给予你用简易模型所不能发现的洞察力，但是你不能轻易根据复杂的外表就判断其价值。

人们需要提出一些问题，这些问题围绕模型是否提供了和你的期望一致的结果。如果模型和你的期望一致，你应该核实，进而确定数据分析者并没有因为想取悦管理层对结果持有某些偏见。如果模型和你的预期不一致，也不要放弃你的经验和直觉。数据分析或许证明你是错误的，但是很多时候你的直觉将有助于你识别出数据分析中普遍存在的问题。

除了需要询问一些尖锐的问题，我们还需要表明这样一种观点：即使是身处较大型的组织机构，培养数据分析的思维方式也是非常必要的。在组织机构中，工作时常常有一些阻力来阻止那些最佳的数据分析解决方案被采用。本书虽然没有深入研究组织行为以及如何克服这些阻力，但是我们想要指出这些要点，这样你就可以对其进行相关了解，并知道今后要注意哪些问题。

加里·洛夫曼同时指出人们经常能够战胜思想。[4] 可以从以下的例子清楚地看到这种力量是如何快速摧毁数据分析项目的：你发布全面的数据分析结果，结果显示其中一个研究方向好于另一个方向，但最终你的创意被推翻了，原因是更有权力的或更有影响力的某人想要从另一个角度出发。为使数据分析项目在组织中真正落实，你通常不得不付出努力，用基于事实的结果说服那些所谓的关键人物。

另一个有大量文件证明的问题叫作证实性偏差（又称证实性偏误、确认偏见，译者注），意指一种更愿意接受那些佐证你观点的结果，而摒除那些与你观点相悖结果的倾向。这种倾向会以不同的方式摧毁数据分析项目。在设计数据分析模型的过程中，设计者或许会做一些加强所持观点的假设。当收集数据时，尤其人工手动收集数据时，我们会无意识地采用那种可以证明我们所要结果的方法来收集数据。或者，结果出来之后，人们不会质疑那些加强了自己预想观点的结果，只会去怪罪那些与自己意见向左的模型。

证实性偏差在政治领域随处可见。但是，哈佛大学商学院的迈克尔·施拉格（Michael Schrage）则指出，政治领域会存在大量的竞争，有些思想较量经常公开进行，但这种现象在组织机构中并不常见。也就是说，一旦组织认为某个观点比另一个要好，此时证实性偏差就会趁虚而入。在许多组织机构中，你接受现有观点终归比你反对现有观点对你事业的帮助更大。如此一来，就导致了支持组织观点的模型或有意操纵数据使得分析结果支持组织观点的模型得到了发展。[5]

为了阻止证实性偏差及其他偏差的出现，我们需要养成对模型提出尖锐问题的习惯，同时，也要养成在接受任何模型结果之前，询问自己问题的好习惯。[6]

### 3.2.1　80/20 法则

组织机构都是非常复杂的。我们需要一些方法将重要之事和琐碎之事区分开来。80/20 法则有助于我们做这件事，同时这也是数据分析思维方式中一个重要的方面。

80/20 法则是一种经验法则，是由意大利经济学家维尔弗雷多·帕累托提出来的，因而也称为帕累托法则。此法则表明，80% 的产量来源于 20% 的投入。转换成商业领域的说法，这意味着 80% 的销售量来源于 20% 的顾客，或者 80% 的利润来源于 20% 售出的产品，或者 80% 的成本来源于 20% 的原材料，等等。此原则应用广泛，但只是一种经验法则而已，并不是什么数学定律。可以证明，在商业领域的绝大多方面，这个法则有相当程度的准确。

如果你以前不知道 80/20 法则，你可能会认为，改进是线性的。也就是，如果你拥有 10 个项目，你会认为你能从每个项目中获得总收益的 10%。或者，你想要在你的数据分析模型中涵盖 10 项特征，你可能认为能从每个特征中获得10%的收益。80/20法则告诫人们，很可能的情况是，你在上述两个案例中所得收益，将有80%的收益来自最重要的两项。作为管理者和分析人员，我们必须确定哪两项最为重要。

伊利诺伊工具公司是一家大型企业，它将80/20法则视为其制定决策的核心原则之一。公司在2012年《年度报告》的封面刊登了80/20法则，以此表示公司致力于该法则的应用。公司在其网站上指出，80/20法则说明，他们80%的营业收入来自于其20%的消费者。所以，公司利用这条法则，将重点放在最重要的20%的消费者身上。公司也意识到，这条法则的灵活性，将其应用到各种不同的场景中。对于伊利诺伊工具公司来说，这条法则的关键作用在于能够使公司一直专注于公司业务中最为重要的部分。伊利诺伊工具公司声称，自己是世界上将80/20法则运用到商业活动中最成功的案例。公司认为，自20世纪80年代以来，公司业务迅速发展壮大，这一部分得益于80/20规则的运用。公司在1985年的营业额为5亿9230万美元(除去通胀因素，约为13亿美元)，而到2012年增至179亿美元，平均保持每年大致13%的增长率（将通胀因素考虑进来，增长率为10%）。这是对80/20法则的强烈支持。

即使你并没有像伊利诺伊工具公司那样，将80/20规则应用到公司所有商业活动中，这个法则仍然是数据分析思维方式中重要的组成部分。你需要将精力投入到能给带你80%收益的那20%的部分。在实施任何数据分析项目时，你将会遇到各种各样的问题，需要做出各种决策。你必须能确定哪些是重要的因素，能够影响整体结果，以及哪些是无足轻重的细枝末节。对于那些细枝末节的问题，即便你投入大量时间去处理，结果可能也不见得能有多好。

### 3.2.2 将可变性纳入到数据分析中

在许多数据分析实践中，需要考虑的一个重要事实，那就是你正在思考的问题在许多因素上可能存在着不确定性。在描述关键因素时，人们往往只是单纯地关注单一数据（一般是平均值)，从而忽略这个因素实际上所能呈现的许多值，以及可能产生的各种不同结果。萨姆·萨维奇在他的《平均值缺陷》一书中，很好地解释了什么地方出现了问题。他告诫人们不要有“给我一个数字就可以了”的思维方式。在许多情况下，仅仅提供一个单一数字，可能会掩盖某种极为重要的信息。例如，我请你来照看我的小孩5个小时，并告诉你，我打算付给你100美元的报酬。如果我没有告诉你，这100美元是直接付给你，还是给你一张有10万分之一的概率中奖1

亿美元的彩票，那我就是对你隐藏了某种有用的信息。在这两种情况下，你的预期报酬都是 100 美元，但在第一种情况下，一切都是确定的，而在第二种情况下，你有极其微小的几率能够中得大奖而大发横财。你可能会愿意试一下运气，但你一定要在做决定之前知道你可能获得什么结果。

当开展数据分析项目时，你最好思考一下你所创建的模型要输入的关键内容，确认那些具有价值而又相对确定的因素，以及那些在很大程度上具有显著不确定性的因素。试图理解这种不确定性会如何影响你的结论，这一点是至关重要的。这个过程可能用到模拟技术、“假设分析”或其他的技术。

那些你没有考虑到的模型中的不确定性会导致更为严重的误差，这是萨维奇所说的“平均值缺陷”的“强形式”（前面的例子代表了“弱形式”）。当你没有意识到，“平均值的预期结果”与“平均的预期结果”之间不相等时，就出现了误差。假如你想举办一次演出，但你并不知道这次表演会不会广受欢迎。这次表演有 50% 的可能性会大受欢迎，这时每晚门票需求量会达到 3000 张。另一方面，也有 50% 的可能性会响应惨淡，这时每晚的门票需求量会降到 1000 张。假如你将销售的每一张票价定为 100 美元，剧场有 2000 个座位，这就意味着，你有一半的几率每晚售出 10 万美元门票（非热卖时），也有一半可能每晚收入 20 万美元的门票（热卖时，要记住，你不能售出超过剧院座位数的门票）。于是，你可能会说你每晚的期望收入是 15 万美元。但是，如果剧院管理者只是问你预计门票需求数目的话，你告诉他，每晚是 2000 张（50% 可能性是 1000 张，50% 可能性是 3000 张）。管理者就可能（错误地）得出每晚的预期收入为 20 万美元的结论。

更有趣地解释第二种误差的方法，就是设想有一名醉汉跌跌撞撞地走在车流密集的高速公路的路中央。平均值看来，他会走在路中央，这样就安全了。但事实上，他会跌跌撞撞地走到路上，有可能会被小车撞到。平均结果（平均起来，他会在公路中线上，是安全的）并不一定等同于结果的平均（结果就是他被小车撞了）。

### 3.2.3　不能仅使用会计数据

在数据分析项目的开始阶段，我们往往询问团队是否有质量好、清晰的数据。他们的答案往往是“是的”。然而，一旦数据分析项目开始，才会发现这些数据实际上没有那么清晰，然后需要花费时间对数据进行清理。

难道我们从项目一开始就被欺骗了吗？我们并不这么认为。相反，公司人员时常认为他们拥有清晰的数据，因为这些数据能够使商业活动继续运作，并能够满足财务报表的要求。

所以，尽管对于某些目的来说，这些数据是清晰的，但这并不意味着这些数据就能被直接用到数据分析项目中来。这就需要你具有一个大体的数据分析思维：你需要明白，适用于某项活动的数据（财务报表），可能并不适用于数据分析项目。这是一步不易实现的跨越。例如，组织中的人员可能并不清楚，为什么在一个领域能够很好地使用的数据，却不适用于另一领域。也许，人们会对创建另一个数据集而心存疑虑。

在用会计数据进行数据分析时遇到的问题之一是，会计数据是以一种你不愿意看到的方式来分配成本的。你在任何系统中共享某种资源（机器、建筑物、车辆等），花费某些杂费（管理费用、电费、维护费等）时，会计体系则会将这些资源的成本和杂费分摊到单个产品成本或部门的管理费用。这种方法可能适用于系统化的报告财务报表，但并不适用于你希望通过数据分析来进行决策的情况。

比如，一家公司拥有三个不同的部门，公司管理费用为 100 万美元，财务体系可能会根据这三个部门中每个部门的总员工人数，将这些管理费用分摊给各个部门。这种方法存在两个问题。第一个问题，可能在管理最小部门时，会花费 75% 的时间和精力，但会计体系却显示这一部门只占用了 100 万美元中 1% 的份额，而实际上在该部门的投入是最大的。第二，截止到你所获得数据的时候，这 100 万美元的管理费用甚至可能还没有做账务处理。这些数据隐藏于各个部门之中，这样你就无法得知其分摊情况。

对于产品来说，经常遇到相同的问题。在生产领域，制造费用和管理费用依据某种方法（比如产出品数量或直接人工工时数）自动分配到产品中。然而，这些成本甚至有可能会与制造这些产品的真实成本相去甚远。实际成本取决于生产过程中使用多少直接劳动力、消耗多少资源，以及投入到每个产品上的管理时间。所以，会计体系能够满足财务报表的需求，但却不利于你做出好的商业决策。如果一个产品的核算成本过高，你可能就不会继续生产该产品，但实际上该产品的成本并不高。当你停产该产品时，投入到该产品的管理费用也并没有消失，只是它们被转移到了其他产品上。

管理者已经认识到了这个问题（但是，他们往往没有对此采取任何行动）。一种解决方案就是创建一个平行的基于作业的成本会计体系（有时候也称为作业成本法）。这个体系通过理解每一项商业活动需要耗用多少时间、精力和成本而得以运作。这里所指的“作业”可以是一个部门，也可以是一种产品。这种体系一般能够很好地运行，但实施起来会很耗费时间，因为你必须研究组织内每一个特定的活动。

另一种解决方案是确保你关注会计系统中的每一项未分配成本数据。这往往能够为你提供你所需要的大部分数据，而无需进行完全的作业成本分析。

在任何一种情况下，重点在于认真质疑你正在使用的数据，这样你才能够真正理解这些数据。我们将在下一节内容中对此进行详细阐述。

## 3.3　透彻思考数据

### 3.3.1　并非所有的数字都是数据

或许要明确的第一个概念是，并不是所有的数字都是数据。这样的讨论看起来可能有点学究，但却很重要，因为针对不同类型的数字应该采用不同的数据分析方法。最近我们的一位作者与他的校友进行一场关于运动队的愚蠢的争论。他的朋友抱怨说，我们将我们的论点完全建立在历史数据上。我们回答说：“还有另一种吗?”事实上，所有的数据都是历史。数据代表了以某种方式所观察到的内容信息。我们不能观察还没有发生的东西，所以关于未来的数字不是数据，是预测而已。

重要的是要记住，数据意味着结束，数据本身不是目的。数据可以服务于许多目的，但一旦没有了那些目的，数据就没有任何意义。当我们考察数据的“寿命”及其在数据分析中的作用时，我们可以考虑如下关于数据使用的基本过程。

1. 数据能让我们认识到发生了什么，让我们认识到为什么；
2. 数据能使我们发现各种不同变量之间的关系；
3. 所发现的这些关系能使我们对这些变量的未来做出预测；
4. 利用这些预测，我们能够对即将要采取的行动方针做出成熟的决策。

那么，什么样的数字不是数据呢?正如前面所提到的，我们认为重要的是，要分辨数据和预测。在理想情况下，数据是应该被视为事实（很快我们将要讨论这个内容)，就数据本身而言，应该存在很少的争议，或者没有争议。“你有权表述自己的观点，但并不代表这是事实”——美国参议员丹尼尔·帕特里克·莫伊尼汉语录。本质上，预测只是一种观点，而且应该始终受到争论。未来一定是未知的。关于未来，我们可以用数字表述、讨论或辩论，我们必须永远记住，这场辩论因数据而发生，但它不是针对数据，而是针对预测。正如我们将要详细讨论的那样，数据分析领域是致力于利用数据与数学方法来创建可信赖的预测。这些预测是关于未来将要发生什么的某种观点。这并不是说，所有的看法都是平等的。有些观点是有情报根据并且合理，而其他观点则并非如此。辨别到底是哪一种，则是数据分析的责任。

另一个数字不是数据的例子是统计数值。这两者容易混淆，需要区分。统计数值是那种描述数据的数字，而不是数据（数据是被人们观察到的信息）。通常，统计数值是建立在正式的数学定义基础上的，统计数值也可以被视为事实。从这个意义上讲，数据和统计数值非常相似，这一点应该没有争论。可是，在这一过程中，有些事情可能出错。

首先，数据本身在许多方面可能存在不足（我们下一节对此加以扩展讨论）。其次，所呈现的统计数值可能也并不准确。例如，迄今为止最广泛运用的统计数值肯定是平均值。很多时候，教科书为提供了足够的信息来阐释其概念，但在现实中，平均值是一个有多种不同含义的统计数值（如算术平均值、中位数、众数等）。最后，我们可能都听过这样的说法："有三种谎言：谎言、该死的谎言以及统计数值"，这个俗语是由19世纪英国首相本杰明·迪斯雷利提出的，流行甚广。这是因为，我们大家都有被相信的或了解的数据所误导的经历，这些数据可能不完整或不准确。在创建统计数值时，分析师对于使用统计做什么、哪些数据应该被包括，哪些数据应该被排除有很大的自由。正是因为这个缘故，结果可能会直接或间接指向不准确的结论。有时这是由于分析师采用了可以支持自己先入为主的偏见的方式来呈现数据。然而，这种情况经常是无意之中就发生了，要么是因为分析师没有识别出偏见，要么是因为简单的人为错误。

所有这一切的简言之就是：数据和统计数值是不同的，应该区别对待研究。统计数值比如预测值在某种程度上特别应该要公开讨论，尤其是当你被要求根据这些统计数值做出结论或建议的时候。至少应该找出以下问题的答案：

- 你决定怎样表述这些统计数值？定义是否存在歧义？选择是否带有偏见？
- 什么样的数据应当包括进来？哪些数据应当被排除在外？为什么？
- 存在其他统计数值使你得出其他的结论吗？
- 数据的准确性如何？（这个内容下面将涉及）

### 3.3.2 能否信任数据

正如上面所提及的，理想的数据可以被视为事实。然而，除了某些有限的、受控的实验型的情况以外，我们希望多数的读者不要相信这句话，因为这不是典型的案例。在绝大多数实际情况下，数据的准确性是一个持久的和普遍的问题。这是真的，有许多理由支持这一点，下面将强调其中的几个理由。当利用数据进行数据分析时，应该考虑那些数据中可能的误差，这样才能使你的结果能达到适当的置信水平。

**1. 数据捕获问题**

在数据分析过程中，可以导致错误的那个步骤就是数据捕获过程（data capture process，这是数据处理术语，是指根据预定义域搜集、格式化并在计算机记忆中存储数据，如客户姓名、账号和消费额。译者注）。几乎在任何现代组织中，大部分数据都是以数字形式存在。过去，大部分数据归存在档案袋和钢柜当中。由于这个原因，你很可能会太相信这些数字。现在越来越多的数据是以自动化方式借助于传感器或其他自动化系统而获得的，我们通常也假定软件代码中没有意料不到的错误，没有机器故障，所以认为这个数据具有很高精确度。然而，值得思考的是，数字形式的数据中有相当多的是以手工记录开始的，这很容易产生人为错误。

举一个简单的例子，我们的一位作者收到的一张账单是写给“德瑞克（Derrick）·纳尔逊”的，而不是德里克（Derek）·纳尔逊。很明显，账单本身是来自计算机系统，那系统拼写的错误是怎么来的呢？最有可能的是，在他填写纸质表格后，工作人员手工录入时产生了错误，大量的错误可能都发生在这个时候。

错误填写名称的例子是良性的，但你可以想象这种类型误差可能会造成更严重后果。我们在运输业领域做了许多项目，这些项目往往关注是否能通过使用一些算法来创造出更好的路线和时间表，目的是减少车辆的行驶里程，最终减少运营成本。通常这种分析的第一步是，选择历史货运记录，并回顾一遍，看看我们能否比该公司实际上做得更好。考察这个问题的关键是货车的装载量（磅或公斤）和装载体积（立方英尺或立方米）。这一点非常重要，因为货车装卸货物的数量将受限于重量和体积，并且还必须遵守道路的限重标准。几乎在这种类型的每一个项目中，我们都能看到，装卸货物记录上有的缺失重量或体积的情况（或两者都有）。这怎么会发生呢？最有可能的是，有人负责将日常操作记录和信息输入到系统，但也许那个人忙着确保装卸货物的完成，而没有时间来记录数据。另一种可能性是，他知道对他当前目的而言，某类数据并不非常重要；例如，他可能知道，某类货车要求达到其重量限制，而不是它的体积限制，所以在那种情况下，记录下体积似乎没有必要。可能还有许多其他的原因，但是不管哪一个原因，你没有得到数据，因此当你做数据分析时，你需要对丢失数据做一定的假设。

信不信由你，货车装卸货物的数据情况比实际中的很多情况好得多。通常，在涉及体积方面时，实际中员工可能会不输入数据。在这种情况下，我们将很容易认识到这一点，并知道我们必须做出一个假设。然而，在更糟糕的情况下，系统实际上不允许操作员将这个数据留置为空白，所以他自己需要找到某个值填入，他可能直接填入 1，系统接受记录，进而他继续工作。这是更为有害的，因为有人可没有检查就使用这些数据，默认这是“真实的”数据。这可能会导致设计的路线在装卸货物特性上行不通，因为数据会使你认为货物是比其实际的情况要小。

不用说，认识理解在哪里获得以及如何获得特定数据，这可以帮助我们决定在要用到数据的时候给予数据什么程度的信任和审查。

**2. 数据相关性问题**

另一个值得关注的领域是，当你对数据的信任水平进行评估时，数据是否真正地代表了你所寻找的东西。数据可能接近于你所寻找的东西，但完全符合的情况常常是不存在的。在公司领域，这种最常见的情况很可能是关于用户需求的数据方面。几乎所有公司都会面临的问题是，预测市场未来对他们的商品和服务的需求。为此，他们几乎总是考察历史数据，形成他们的预测。他们考察过去的销售和涉及历史需求的电话记录。但问题是，在许多（或绝大多数）的情况下销售和需求并不是一件相同的事。这两者肯定是相关的，但两者是不一样的。区别在于，我们无法获得需求数据，即使能获得，需求也不一定能转化为实际销售。需求无法转化为销售存在许多原因。或许消费品公司的商品存货出现缺货。或许服务公司没有销售力量，足以达到对公司业已存在的服务全部需求。或许你公司的货物或服务还没有被足够的认识，导致想要购买你公司产品的人却没有买到，原因是他们根本不知道它的存在。不管是哪个原因，当你将所拥有的销售数据标签错贴为历史需求时，此时尽管真的是相关，但却是截然不同的数据，你要承担对未来可能的需求做出不当结论的风险。许多公司很好地意识到了失销成本（lost sale，意指可能因供货、运输、季节、人为等因素所造成的缺货，由于缺货不能产生销售，进而导致损失。译者注）的概念，或“影子需求”（shadow demand）。然而，依据我们的经验来看，公司在分析中将历史销售和需求等同起来处理，这样的做法仍然非常普遍。

我们已经强调了这种数据类型问题最常见的例子，但是当然存在着其他的那种可用数据非常接近但却不完全是公司所企图测量的内容的案例。

在体育领域，另一个可能的例子是棒球运动员的本垒打数据。每个棒球运动员每一场的本垒打数据是众所周知的，这是预测球员未来本垒打时非常有用的数据。然而，这会漏掉一些东西，不是所有的棒球体育场都是相同的，而且各种不同的天气形式可能影响一次击打能否成为本垒打。在此情况下，也许最好数据应该包括运动员击球之后的速度、方向和轨迹，如果你收集这些数据，然后知道体育场结构布局，风向风速，通过物理计算可以向你揭示在各种条件下本垒打的可能性。鉴于大量的数据分析技术被应用到了美国职业棒球大联盟，我们所知道的全部这类数据都已经（或将在不久的将来）被收集起来。

**3. 数据可进入多个“桶”的问题**

当你决定是否信任数据时，要注意的另一个方面是某类数据归入什么样的桶是否具有自行决定的自由。让我们用一个简单例子来加以说明。有一个销售家具的公司，其常见的促销手段是打折，以此来赢得客户。销售员可能在打折时对价格有自行决定的自由，或者可能在运送家具方面对运输费用有打折（或免费提供运送）的自由。在观察不同的销售人员、商店或地区的数据时，你需要小心独立地观察独立销售价格数据或运费数据。一般只关心每个客户的总收益，但独立观察销售价格数据或运费数据是有意义的，你必须认识到，销售人员在如何决定收益方面，存在一定程度的自由性和任意性。

### 3.3.3　应该对数据做简单的测试

利用新的数据集进行研究很有挑战性。而且对于大型数据集来说，直接查看数据、查找问题是很困难的甚至是不可能。不幸的是，正因为如此，许多人往往假定大数据是正确的，一般不对数据做什么检查。

如果要将数据输入到系统中，然后用它来做决定，那么应该做简单的检查工作。这些简单的检查可以发现大部分的问题。这些检查因太简单了似乎不值得一提，太多的人员在他们的分析中跳过了这一步，而后才发现结果有问题。这些简单的检查应该嵌入在包括分析数据的任何过程中。你既可手工做这些检查，也可以让计算机做。应该确保这些检查工作落实到位，例如，对一列数据：

1. 求平均值（以平均值开始，然后查看中位数和众数），看看是否有意义。

2. 求数据的标准差，查看变异性的数值是否满足你的期望。

3. 求数据的最小值和最大值，看看它们是否有意义。

4. 与步骤2有关，如果数据应该是正的，那么就要检查是否有负数。

5. 检查缺失值。

6. 当列中数据应该为数值数据时，检查列中是否有非数字值。

针对跨列数据则有：

1. 如果某个列数据是来自另外两列数据，要确保该列数据是有效的。例如，如果收益列应该是价格乘以销量，确保它们是有效的。

2. 如果两列应该有完全相同的数据，要确保它们相同一样。（似乎有些奇怪，你会得到两列有相同的数据的情况，但有时情况真的如此。）

3. 确定两列之间的合适比率，计算这些比率，然后对这样的比率加以简单检查。例如，如果有总单位的一列数据，还有另一列重量的数据，那么需要确定每个记录单元的平均单位重量。然后查看每单位重量是否有意义的。这样做有点过于敏感，但有助于发现隐藏的问题。

最后，你应该利用数据画出几张图表，这有助于认识理解数据。常见的图形包括：

- 画数据的直方图，检查有无异常。
- 如果数据标有日期，就要画时间序列图，展示各列随时间变化的趋势，也就是销售随时间的变化等。

### 3.3.4 就地取材

这一章的大部分内容可能会让你认为拥有清洁和便于使用的数据是不可能的。从某种意义上说，知道这一点可能在短期内让你的生活更容易：如果数据太糟糕，可不做数据分析项目。但是，对于你的职业生涯或你的组织来说，这类想法几乎没有什么益处。相反，本章的前几节希望为你提供了如何更好使用数据的想法。

但是，更重要的是，好的数据分析师还必须能够确定，什么时候数据适合用于分析。这让我们回到80/20规则：从数据研究方面，你从投入的20%中得到了80%的值。所以，你应当关注并仅对20%的数据加以清理，这20%的数据会得出你要的结果。或者不严格地说，80/20规则强烈地表明，你的数据输入不需要是完美的。这就是为什么历史销售可能是需求的一个好的近似。

同样，必须在运用数据做不太完美决策与不用数据做决策之间进行权衡。换句话说，这一章没有为你提供什么也不做的借口，数据不完美并不能成为借口。数据永远不会是完美的。相反，本章打算使你对新的数据分析工具使用的热情与需求相平衡以确保你有正确使用这些工具的思维方式。

## 从错误数据开始的问题

史蒂芬·布迪安斯基（Stephen Budiansky）曾撰写了一本书叫《布莱克特的战争》，它着重描述在二战期间英国的科学家小组在击败德国潜艇事件中的赫赫战功。布迪安斯基将这个事例作为把数学知识和科学方法运用于管理领域——运筹学诞生的引证。运筹学是这本书读者所感兴趣的内容，因为他们认为，这是数据分析的先行者。事实上，研究过潜艇问题的科学家们具有各种各样不同背景（就像数据分析领域汇集了许多各种不同的学科），他们试图利用数据来解决管理问题。因此，虽然有时看起来好像数据分析是崭新的事物，但继续研究下去就会发现，许多年前所奠定的基础是非常有用的。

布迪安斯基的书中有两个例子讲述了错误数据、错误假设以及偏见是如何导致错误决策的。

这本书的第一个事例讲述了当年为保卫伦敦，英国安装了许多雷达和高射炮。原来的高射炮瞄准不佳，为了提高效率，科学家们给高射炮连接了雷达数据。初步实验表明，这种方法提高了高射炮击落轰炸机的概率。

为了保护像伦敦这样的大城市，在城市周边和海岸地带都有高射炮。初期报告表明，海岸线附近的高射炮击落的轰炸机数量是城市周围高射炮的两倍。由于使用的高射炮是一样的，而雷达则是刚投入使用，因此科学家们推测，雷达放在海面上更有用。如果这个推测被证实，他们应该将所有高射炮从城市转移到海岸以发挥更大的作用。然而，在此之前，他们想要更好地认识理解数据。

经过进一步调查研究之后，科学家团队发现了问题的真正根源。被击落的轰炸机的残骸在城市周围容易被验证，而在海岸附近，残骸大多数沉入大海，不容易发现，所以才会出现那样的数据。深入研究后可以发现，城市附近和海岸附近的高射炮实际的杀敌数量是差不多的。通过认识证实性偏差，科学家团队阻止了高射炮从城市向海边移动。依据布莱克特的战争观点，这阻止了悲惨后果的产生。

第二个例子是测量盟军的远程轰炸机在德国境内击中目标的有效性。这种测量的目的是为了确认轰炸战役是否成功，这是战争策略的一个重要组成部分。轰炸机操作员亲自报告是否击中目标。（这告诉我们，我们需要一开始就警惕证实性偏差。）但由于缺乏数据，军队领导无法选择，只能依靠人员在现场的报告（此处指轰炸机操作人员）。从某天起，他们能够获得炸弹爆炸后的空中拍摄照片了。他们于是从这些报告中发现了严重的证实性偏差：他们选择了那些上报击中目标的轰炸机的情况进行分析。他们的研究结果表明，80%的轰炸机的轰炸点甚至在目标的5英里之外。大概只有20%在目标5英里内，但这些也不可能都击中目标。这是非常糟糕的，但并没有令人感到惊讶。但是，千万不要把这个分析当成错误数据的例子。它同样影响了策略。他们开展了一场关于如何分配远程轰炸机的军事辩论。是应该把精力集中在打击德国的目标上（摧毁生产能力和削弱战斗力），还是将一些飞机转移到反潜活动（摆脱潜艇的威胁，潜艇是导致许多货船无法从美国到英国，使得盟军无法得到足够的人员和物资，因而不得不推迟进攻的重要原因。）呢？

布莱切特战争的事例很好地强调了，实施数据分析解决方案在组织层面的挑战。军队领导不愿意受到数据的影响，推进数据分析就变成了平民科学家的工作（和军队一起工作且成为团队的组成部分，但不是官方领导）。这也表明，当推动数据分析解决方案时，人们需要留心组织因素。这两个例子应该为人们揭示，当人们所利用的数据受限于证实性偏差时，就应该停止使用数据。

## 3.4 数据科学家的兴起

由于数据分析思维对蓬勃发展的数据分析运动来说十分重要，所以我们对新的职业——数据科学家的迅速兴起并不应该感到惊讶。这个职业当前非常受人们欢迎。企业在招聘数据科学家，同时许多人在LinkedIn和其他专业网站上，将他们自己描述成为数据科学家。

由于数据分析的定义存在混乱，毫不奇怪，在数据科学家是做什么的认识方面同样也存在困惑。我们可以看到，数据科学家这个词与数据分析术语面临着同样的问题——公司和人们所声称的关于数据科学家是做什么工作的认识，往往只覆盖了数据分析中一个或几个方面的工作。例如，有人可能只知道描述性数据分析，但却声称他自己是一名数据科学家。

相反，我们应该接受更全面的定义，将数据科学家定义为那种具有数据分析思维方式的人，并且致力于整个数据分析领域—— 那种愿意使用数据来帮助人们做出更好的决策的人员。我们不会限制一组技能或数据分析的某一具体部分。承担这个角色的人员必须了解数据分析的所有不同类型。数据科学家不需要成为数据分析的所有不同领域的专家，但是应该知道所有领域，并在需要解决问题时愿意使用它们，这正是“科学家”派得上用场的地方。

所以，数据科学家不只是旧职业的新时髦的名字。相反，数据科学家认为，数据分析领域是相当广泛的，你需要有特定的思维方式来接受它。例如，如果你是一名统计学专家，但却要想贴上数据科学家的头衔，那么你应该接受整个数据分析领域，还有该领域和你的关系。你可以同时成为数据分析的某一个分支的资深专家和数据科学家。另一方面，如果统计学家拒绝接受或学习数据分析的其他分支，那么就很难将那个人称为数据科学家。

新的职业数据科学家表明，市场在数据分析领域许多方面有大量的人员需求。

本书的第2部分将要讨论数据分析领域的工具。

## 尾注

1. 我们无法找到这个故事的原始出处，因此只能凭借记忆，数字仅仅是为了说明目的而已。引用这个故事的目的，并不是为了讨论通用电气公司，只是想谈谈有些企业是多么的难以预测，同时不应该假装预测会有多么可靠。

2. 数学盲的另一个例子是，反事实的分析并非是真实的。这通常被称为后发者因之而发（概括为“在这个之后发生，所以是因为这个”）的谬误。曼兹（Manzi）在他的书中指出了这个谬误。如果你做了A，结果不好，并不意味着你做了B，结果就会变好。

3. 迈克尔·施拉格（Michael Schrage）的《严肃游戏》一书致力于这个话题。本书讨论了组织可以从他们自己所建立的原型和模型当中学到许多东西。

4. 加里·拉夫兰（Gary Loveland）的引证来自达文波特的著作《数据分析竞争法——企业赢之道》。

5. 参看迈克尔·施拉格2012年10月29日的博客“为什么投票总是政治问题”，(http://blogs.hbr.org/schrage/2012/10/the-truth-about-polling-its-always- a-judgment- call.html)。

6. 《最优化边界》对影响我们数据分析能力的一些其他偏见，给出了一个很好的列表总结。这些内容包括纯粹接触效应（仅仅是因为我们知道某些事情，我们反而对它存在偏见），结果偏见（以最终结果来判断，而不是在此点获得的证据为依据进行判断），可获得性启发法则（倾向于反复思考的事情更容易发生），行动者—观察者偏差（倾向于将别人的行为归因于他的个性，而将自己的行为归因于所处的处境），虚假相关效应（认为相关性存在于实际并无相关性的两事件之间）。

译者注：

纯粹接触效应（mere exposure effect）：它表明某一外在刺激，仅仅因为呈现的次数越频繁（使个体能够接触到该刺激的机会越多），个体对该刺激将越喜欢。

可利用性法则（availability heuristic）（又称可获得性启发，或称为可得性法则、易得性法则）是指在很多时候，人们只是简单根据他们对事件已有的信息，包括记忆的难易程度或记忆中的多寡，来确定该事件发生的可能性，而不是去寻找其他相关的信息，因此容易被知觉到或回想起的被认为更容易出现。事件刺激的频率、新异性、生动性、情绪性也会影响到其可获得程度，从而影响到其在个体心目中的主观概率。

行为者—观察者偏差（actor-observer bias）：行动者—观察者效应属于一种归因偏差，是指面对消极的事件，人们常常将他人的行为归因于较稳定的人格因素，却倾向于将自己的行为归因于外部因素；反之，面对积极的事件，人们常常将他人的行为归因于外部因素，而倾向于将自己的行为归因于人格因素。

虚假相关效应（illusory correlation effect），亦称假想的关联，是指表面上有关系但实际上无关联或关联较弱的两种对象，人们在知觉时认为它们之间存在关联或存在极强关联的心理现象。

# 第 2 部分
# 数据分析工具

# 第4章 机器学习

## 4.1 什么是机器学习

在我们详细阐述描述性数据分析、预测性数据分析和规范性数据分析之前，有必要先暂时停下来，介绍关于机器学习的几种重要算法（别担心，我们在编写这一章内容时，默认大家之前都对机器学习一无所知）。本章所讨论的大部分算法经常用于预测性数据分析中。所以，我们现在拿出一些时间来讲解一下机器学习。机器学习是一个相对崭新的研究领域，而且在数据分析的全部三种类型中都会用到。

在机器学习应用研究方面，已经取得一系列令人兴奋的研究成果，正在稳步发展过程中。数据分析领域的许多崭新的内容均来自于机器学习的研究。比如，垃圾邮件过滤系统、Facebook 图片的人脸识别功能以及亚马逊的个人推荐，这些都是机器学习算法应用的典型例子。因为这是一个相对较新的专题，所以许多工商管理课程中并不讲授这一领域的内容。所以，对于一名管理者，这部分知识可能是数据分析领域中掌握最少的部分。本章旨在为管理者提供这一领域所想要了解的信息。

如果你从来没有听过机器学习（machine learning）这个术语，这个词听起来会跟科幻小说差不多。它指机器本身（模拟人类）自学的过程。或许，你曾在介绍谷歌公司的无人驾驶汽车的文章中看到过。这个词听起来特别高级，好像只有那些最专业的科学家才有资格接触到这一领域。

实际情况是，许多机器学习的算法并不难理解。每一名管理者都需要了解机器学习的基本概念，它的应用是很广泛的。

从某种意义上来讲，机器学习实际上源于另一个常见概念——数据挖掘。随着几十年前数据库的兴起，数据挖掘（意指从数据中寻找信息）这个术语也逐渐为人们所接受。当数据不断增多，数据库愈加庞大，用来提取数据的运算法则便应运而生。

我们最终将机器学习的不同算法分别归入到描述性数据分析、预测性数据分析以及规范性数据分析的三种不同类型中。现如今，我们的任务是在不考虑数据分析类型的前提下，仔细研究所有各种不同的术语及机器学习的不同算法类型。人们运用不同的术语来描述机器学习，与此同时，因为它是预测性数据分析领域中相对崭新的部分、地位举足轻重及核心组成部分，所以关于这个领域的信息会更多。管理者需要认识理解这些术语，以及它们适用的领域。

这里有必要说明一下：我们对机器学习的术语所提供的解释并不是公认的权威版本。这个领域的专家将以各种不同方式甚至是对立方式，来对机器学习的方方面面给出定义。我们的目的是为你提供充足的背景知识，以便于如果有人和你就这个专题展开讨论时，不至于一无所知。

我们首先从数据挖掘谈起。随着时间的流逝，数据挖掘这个术语会演变成“知识发现”。数据挖掘这个术语逐渐流行起来后，研究人员创建了人工智能领域。而机器学习这个术语就来源于人工智能。

研究人员意识到，他们没有办法告诉机器所有它需要知道的东西，为了满足这种需要，机器学习这个概念便借机产生。研究人员认识到，他们需要创建一种能允许机器自身根据一组数据开始来算出信息的算法。机器学习是一个多学科交叉的领域，其中用到了包括统计学、概率论、计算机科学、物理学等学科的许多技术。尽管有些具有统计学背景的研究人员使用统计学术语（而不是机器学习），但关于机器学习的大量研究及论文似乎都出自那些具有计算机科学背景的研究者之手，他们倾向于使用“机器学习”这个术语。

目前，有两个趋势已经对机器学习领域产生了影响（以下从管理者角度阐述）：

- 某些既可用于数据挖掘，又可用于知识发现的技术，经常被机器学习领域的专家所用。也就是，能帮助在数据库内找到模式的技术同样用来教授机器发现模式。所以，在某种意义上，这些领域在逐步合并成一个领域。
- 随着数据的丰富程度和规模的不断提高，此领域的研究重点从先前的将更先进技术运用于小规模数据集，转变为将简单技术用于大规模数据集。这代表着大多数常用算法对一般的商业用户来讲都是可以利用的。

机器学习领域的专家所用的语言听起来会过于专业，但实际上所用的概念是非常简单的，只要稍加解释，就能很好理解。

首先，机器学习算法可分为两大类：一类是监督学习，另一类是非监督学习。对于监督学习来说，你所要探讨研究的数据集具有人们希望得到的输出或答案的相关信息，也就是，这个数据集有你所想要预测的内容。例如，如果想要根据网页浏览数据对顾客的购买模式进行预测，监督数据很可能会有一列数据来专门显示某个顾客是否真正地购买了某个产品；运用医学数据来确定各种不同治疗方法的效果时，则会有一列数据来显示身体状况是否有所提高；若想尝试识别手写文本，分析数据则含有各式各样手写数字（这些书写可能非常潦草），那么就要用被编码成数据的实际数字。

在上面所提及的三个案例中，也就是顾客购买模式、治疗方案效果以及手写文本识别中，机器学习算法考察所有数据，努力预测究竟哪些因素会导致顾客购买某项商品，哪些因素能帮助达到满意的治疗效果，哪些因素会使你成功识别手写文本。通过数据得到答案，你通过指导算法来“监督”学习过程。

学习时使用的数据集称作训练数据。也就是，你运用这个数据来训练算法，教它如何进行预测。尽管最初目的是将所有可用的数据都当成训练数据，然而研究人员很快意识到，如果你给一种算法配置所有的答案，那么你将不能得到一种可靠的方法来测试该算法的准确性（也就是，你只会知道这个算法和数据有多匹配，但无法在它不知道答案的情况下，判断它的预测水平怎么样）。如果你利用同样的训练数据来测试你的算法，你可能发现看起来测试结果都很好，因为这个算法可能捕捉到数据集中的每一处细微差别和异常值。当此算法过度拟合模型时，利用训练数据预测的结果十分完美。但是，当你尝试用它来预测新的观测数据时，它的表现却非常糟糕。所以，在建立模型和微调算法的过程中，你需要留下一部分数据，稍后用它作为测试数据。也就是，在建立算法并用训练数据进行预测之后，我们在此基础上（在测试数据集中不允许其运用答案）输入测试数据并观察其过程是如何展开的。此算法将预测一个数值，然后将它与我们所知道的答案进行比较。这种方法为模型提供一种更好的验证方法，以便未来布置应用。

一般地说，前面所述的要点对于数据分析来说是很好的一课：要认真地建立质量很好的、无偏的测试数据，这样就可以稳妥地测试数据分析模型。在实际运用模型之前事先测试模型，不仅会达到满意的效果，同时花费也相对更低。

在这种背景下，我们现在讨论机器学习中“学习”的更多内容就有意义。需要掌握的基本思想是：机器是通过训练数据来进行自我学习的。但是，更先进的理念在于：学习过程可以持续不断进行。也就是，算法可利用初始数据加以学习，然后当新的数据出现，算法就进一步地对数据进行预测和观测。如果你花费时间去建立算法，以便为其运算过程提供反馈，那么新的观测数据将会自动成为训练数据的一部分。算法自动地运用新数据不断更新。这一点非常具有吸引力。在日益丰富的数据世界里，我们不用想着一定要重写算法来利用每一个新数据，而是让算法不断“学习”，同时基本靠其自己来适应。然而，即使没有这样的反馈，机器学习算法本身也十分强大。

例如，在本书前面的内容中，我们曾经讨论消费者在线金融业务，这种业务创造了多种不同的算法，这些算法会在顾客进入网页的时候相互竞争。内嵌式算法具有一定逻辑性，它可以决定给哪些顾客展示哪些网页，或者提供哪些促销优惠。管理团队并不想亲自决定该展示哪些内容或者该向哪些特定顾客提供服务，他们想让这些算法来进行决策（这些算法或许能做出更好的决策）。实际上，当一位顾客进入网页时，关于此名顾客的相关信息就已被算法获取（包括人口统计的相关数据、浏览次数、推荐链接网站、浏览历史、先前的商业活动等）。每一种算法都有给定的相应积分数值，就好比大富翁游戏里面的假钱，这些算法将利用这些积分数值来竞争客户。获得最高竞价的算法将有资格向客户展示其选择的网页及其所提供的服务。持续进行学习的部分是指，如果顾客购买了一件产品（作为良好表现的奖励），此算法将得到更多的积分数值用于未来的竞标。这会给予算法有关各种不同顾客的价值更多信息。这种机制也从一定程度上防止有些运算不佳的算法，或者不良折扣的出现：因为它们最终会用光那些积分数值。

构成机器学习的算法有许多种类，我们现在考察一些重要的算法。事实上，存在多种其他的算法，我们所讨论的一些算法也存在某种变化形式。我们为管理者提供研究出发点，为未来了解其他算法提供参考。

## 4.2 监督机器学习算法

监督机器学习算法存在许多种不同的形式，因种类太多，以至于可将它们分解成子类形式。其中一个重要子类形式是分类算法。k 最邻近分类法（一般也称为 k 近邻算法、邻近算法等，简称 kNN 算法）与决策树是最为流行的两种分类算法。此外，监督学习算法还包括推荐系统，甚至包括回归分析。

我们喜欢如下事实：回归分析是机器学习的一个组成部分，这是源自统计学的核心思想，传播广泛，应用也非常广泛，甚至在 Excel 电子表格中也可以使用。事实表明，机器学习并不是仅仅适用于少数精英的方程组。

### 4.2.1 分类与 k 最近邻算法

我们在这里之所以强调这种算法，是因为 k 最近邻算法既体现了机器学习算法的功能有多强大（为何它们能得以如此大量的宣传），同时也体现了这些算法究竟有多容易理解。

通常，我们运用诸如机器学习、分类算法以及 k 最近邻算法这类复杂的术语，但事实上，这些概念远比你想象的要简单。让我们通过举例来说明 k 最近邻算法的简单性。假定你拥有一个关于 5 000 名车主的数据集，该数据集显示了每个人的收入情况、每年初车主所拥有的车的车龄，还有车主在年底是否具有买新车的意愿等。

这是一种监督算法，因为你想要利用车主收入情况以及现有车车龄的基础数据，来预测车主是否在今年购买新车。训练数据包含的正是这些信息。

为了预测潜在购买者在今年实际购买新车的可能性，k 最近邻算法从一个新的数据点出发（即潜在的购买者），并计算从这个新的数据点到训练数据中每个点的距离（这里指的是上述提到的 5 000 名车主）。这里的“距离”是新的数据点与训练数据集中（你所拥有的 5 000 名车主）的数据点各个对应属性距离的组合。例如，如果你的潜在新购买者收入在 45 000 美元上下，现有车龄为五年。先前一个数据点（来源于 5 000 个数据点）显示，那位车主收入大概在 65 000 美元左右，车龄为六年，你只需计算这两个坐标 (45 000, 5) 与 (65 000, 6) 之间的距离就可以了。

只要在新的数据点与训练数据集中的其他点之间做这样的计算，就可以得到 $k$ 个最近邻点（某个软件能帮我们完成这一过程），算法称谓中的“k”是来自于这里。现在，你也能弄明白，这个 $k$ 最近邻点是怎么得来的：这些点是最接近于新的数据点的点。可为 $k$ 赋予任何一个数值，例如 1、5、7 等。假定在这次分析中，我们将 $k$ 的数值设定为 7。一旦你获得这 7 个最邻近的点，同时你也知道这些人是否购买了汽车。然后，为了得出结果，你只需统计那 7 个数据点中购买汽车的点的数量。如果这 7 人之中有 4 人或者更多的人购买车，那么你就能预测这个人将会在今年购买汽车。你只需根据大多数的情况来做出预测。

图 4.1 表示用有 10 个记录的样本来做这种类型分析的情况。这个例子说明，当你用所获得的结果来检验另一组有 5 000 个记录的数据集，即用你所得到的结果来检验接下来的 5 000 名消费者时，所出现的情况。在这个案例中，模型在 75% 情况下能准确地预测出正确的结果。[1]

| ID | 收入 | 车龄 | 购买新车情况 |
|---|---|---|---|
| 1 | 53 400 | 11 | 是 |
| 2 | 55 100 | 5 | 否 |
| 3 | 19 300 | 3 | 否 |
| 4 | 36 000 | 8 | 否 |
| 5 | 218 600 | 4 | 否 |
| 6 | 66 900 | 3 | 否 |
| 7 | 66 500 | 3 | 否 |
| 8 | 38 300 | 7 | 是 |
| 9 | 99 100 | 7 | 是 |
| 10 | 68 300 | 6 | 否 |

图 4.1 潜在购买者的 5 000 个记录样本

考察另一个案例，训练数据集为大量的手写数字或字母集，以及相对应的实际数值或实际的字母。为了将这些手写数字转化成机器所能理解的内容，你需要对这些手写数字加以中心化和标度，并在其上面覆盖一个网格。例如，图 4.2 展示出一个手写数字 3 与一个 10 行 6 列的网格。这个网格共有 60 个不同的正方形。你（或者可能是计算机程序）为每个正方形赋予介于 0 到 1 之间的值，以此表示这个方格空间中的墨汁所占整个正方形的比例。在这个例子中，图 4.2 中的第 2 行第 2 列正方形得到约为 65% 的值，第 3 行第 3 列正方形得到的值为 0%，第 3 行第 5 列正方形（图片右侧高亮显示）得到的值为 96%，第 5 行第 4 列正方形（也是右侧高亮显示）得到的值为 100%。

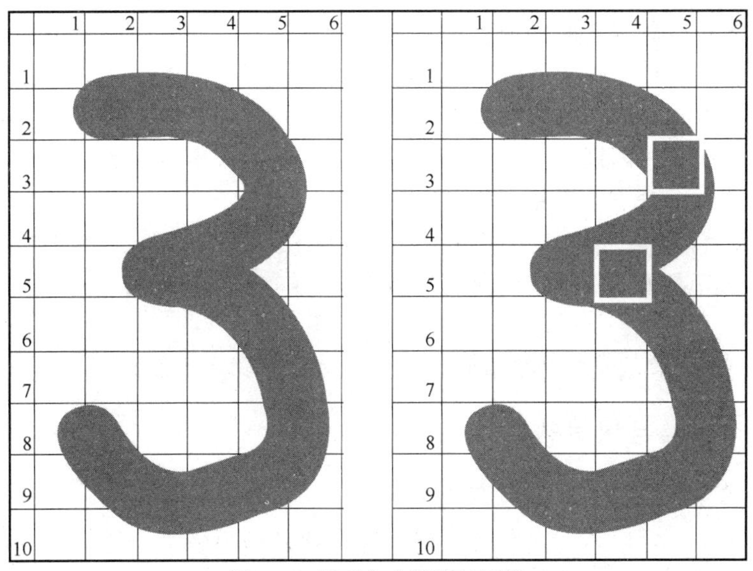


图 4.2 用于文本识别的网格

你连续不断地对这60个正方形赋予不同的百分值。现在，你可将这60个正方形当成这种数字的属性。一旦对训练数据完成上述操作之后，你将获得一个新的手写文本值，并确定这60个正方形各自的值。然后，利用$k$最近邻算法，找到接近这个新的文本值的$k$个最近邻居，然后查看其所得的新数字是多少来加以决策。例如，如果$k=11$，当7个最近邻近是3，而其他4个最近邻近为5，那么这个预测结果就是3。

在实际应用时，对于这个问题，网格数有可能会比这大得多。值得注意的是，对数据加以标度和排列相关的工作，并不见得是一件容易完成的工作。

在这个例子中，有几点需要注意。第一，你可以发现，这需要大量的数据；在全面应用过程中，训练数据库中每个单一字母或数字都可能有10000个信息点。其次，你要保持对整个数据库的使用，这样你就能对新加进来的字母或数字进行检验。这意味着，每一次使用这个算法都要占用大量的内存，并需要进行大量的计算。但是你同样可以看出，这个算法中的学习部分会来自哪里。如果这个程序能获得关于结果的反馈，那么就能连续不断地产生关于训练数据集的新信息，从而使该算法在接下来的运算中运行得越来越好。

弄懂了算法识别文本的原理，那么很明显，同样的技术也可用来进行人脸识别。比如，如果有足够多的人在Facebook上传照片，那么Facebook就会将这些照片转化成大型网格，并在网格内填充不同的颜色，甚至会标出你的眼睛与鼻子之间距离，或者其他特征信息。此时，如果再上传一张未被识别的照片，Facebook就会将其转化成一个数据网格，并用这些数据来执行k最近邻算法，推断照片上出现的是谁的脸。此外，Facebook的搜索引擎还有可能通过识别上传图片的来源（图片上的人很可能是上传者社交网络中的好友）来进一步缩小搜索范围。

k最近邻算法已经被应用到鉴别垃圾邮件、识别信用卡或其他类型的欺诈、协助开展医学诊断、预测微目标定位的响应、分析Twitter情绪等许多方面。

k最近邻算法是一种简单而又十分强大的机器学习算法。

### 4.2.2 分类与决策树

在管理学领域，决策树方法由来已久。在机器学习领域，这一术语实际上几乎以一种截然相反的方式被使用：在这种情况下，决策树帮我们对数据加以分割，以便能够对其做预测。为了澄清这个问题，避免造成困惑，我们将首先讲一下传统意义上的决策树，然后讲一下传统决策树与机器学习决策树的区别。

传统决策树被用于制定复杂的决策，在这种情况下，竞争对手的各种不同结果或行动会对人们的决策和行动产生影响。例如，图4.3中的简单决策树能帮助人们决定是投资一种新产品，还是投资已有产品，或是不进行投资。具体结果取决于第二年的经济形势是向好还是低迷，也取决于主要竞争对手是发布新产品还是继续生产以往的老产品。如图4.3所示，传统决策树是由左向右构成的。每一个方块（仅指本案例里的这个方块）代表了一种潜在的决策选择，而每一个圆形则代表一种可能出现的潜在结果。如果你沿着上面的分支一路往右顺下来，就表明你发布一种新产品，经济形势较好，竞争者也发布了一种新产品，你的净利润将为8 000万美元。如果竞争对手没有发布新产品，则你的净利润将达到1亿美元。每一个分支下面都连着一个圆点，你可以发现，出现这种结果的可能性。在图的决策树中，你可以发现，经济形势良好的几率为40%，竞争对手发布新产品的几率为50%。

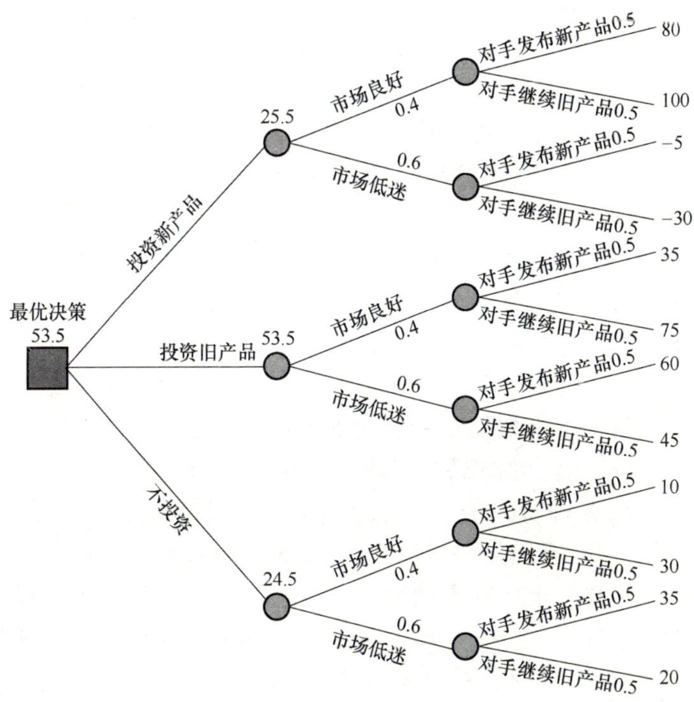


图4.3 传统决策树的事例

在创建完决策树之后，为每一个分支赋值，标注每一种潜在结果出现的概率，可以得到各种决策的期望值（出现结果的概率乘以结果的值）。在上例中，投资于现有产品是期望值最大的决策，所对应的最佳期望值为5350万美元。

决策树还可以提供概率变化对结果的影响，上例中，如果经济形势向好的概率为80%（而不是40%），决策就应该转为发布一个新的产品。

对于研究不同结果出现的概率，并讨论各种不同情况下所存在的风险，决策树是一种不错的决策方法。并且，当做出许多类似形式的决策时，也可以更加系统化地获得每个分支出现的概率。

这就是传统经管类教材中介绍的决策树方法。机器学习决策树却与之大不相同。从某种程度上讲，它运用了与传统决策树相反的流程。传统决策树会先让你设计决策树，然后再填入适当的数值。而机器学习决策树，从数据开始，利用数据学习的结果来确定如何设计决策树。

下面我们使用本节前面的在k最近邻算法中的例子来加以说明。同样，有5000个潜在的轿车购买者，现有关于他们的收入、轿车车龄以及是否购买新轿车的信息，目标还是想要预测新的潜在购买者可能会做什么事，但这一次却使用机器学习决策树，而不是k最近邻算法。

在机器学习决策树中，算法会自动地从某个特定数据的列开始，将这列数据分成两个或多个分支，然后从这些点开始，再将其列分割成两个或多个分支。不断重复上述过程，直到分完整个数据集。顺着决策树到结束点，即可获得预测结果。这个算法已经十分成熟，能够自动从最重要的一列（也就是预测效果最好的一列）开始分支。你也可以设置参数，以使决策树具有更少或更多的分支。

在决策树设计好之后，将一个新的点输入系统，由这个点沿着决策树执行到结束处，以此确定哪一种预测结果。在图4.4中，你可以看出机器学习决策树的结果，决策树需要从上往下解读。首先，算法根据轿车车龄来对数据加以分割，然后考察轿车车龄是否为4年，还是少于4年，或者多于4年，进而对数据进行划分。如果从左边看，决策树被分割成收入少于12.43万美元，那么预测结果就是“否”。你也可以沿着其他分支，向下执行，查看预测结果。最后框内的数字显示，该算法在利用测试数据预测正确结果方面的表现。（框内最后第一个数字表示有多少结果被成功预测，斜线后面第二个数字表示不正确的预测结果数量。）

在此案例中，机器学习决策树几乎与k最近邻算法一样精确。

但是，对于这个算法需要指出以下几点：

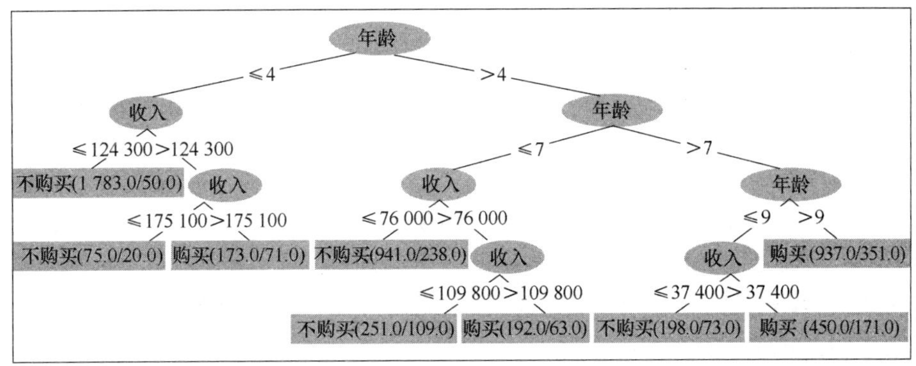


图 4.4　机器学习决策树[2]

- 这个算法的结果可用非常简单的规则集合来表示。如果有新客户的数据，那么用该数据，按照决策树执行到结尾，就可以得出预测。可以编写一个非常简单的程序来执行这项操作。这与 k 最近邻算法截然不同，因为如果用 k 最近邻算法来预测新的结果，总是需要获得完整的训练数据集。
- 机器学习算法不要求所处理的数据是数值数据，它也可以根据文本字段来建立分支。如果你要添加一列关于女性购买者或男性购买者的数据，算法就能确定什么时候建立性别分支较为恰当。如果你有两个以上的文本值，算法就可以根据你所拥有的文本值进行分支。
- 机器学习算法使你从数据中得到洞察力。在图 4.4 中，当算法开始运行的时候，它选择轿车车龄作为最重要的变量。你也可以看到，算法如何基于轿车车龄与收入水平建立不同的分支。这立刻为数据提供了额外的洞察力。

机器学习算法让我们更好地了解数据。图 4.4 显示当运行算术时，它会选择轿车的使用年限作为最重要的变量。你也能看到运算是如何用轿车使用年限区分收入水平的。这立刻就可以帮助我们进一步了解数据。

### 4.2.3　推荐系统

你可能对亚马逊、Netflix 或 Match.com 等公司的推荐系统比较熟悉。这些推荐系统的工作原理与 k 最近邻算法非常类似。它们通过查看你喜欢或是打过评分的东西，找到跟你对相同商品评分类似的人，然后，向你推荐这些人喜欢但你还没有评分或者尚未购买的东西。

例如，如果我和你对十部电影的评分相同，而我非常喜欢一部你没有评分过的电影，那么系统会向你推荐这部电影。这种想法的出发点在于，如果我们对前面十部电影打过类似的评分，那么我们很有可能对第十一部电影有着相近的看法。

推荐系统算法通过查看我的评分与你的相应评分的距离，来执行与k最近邻算法类似的工作。所以，如果我对第一部电影的评分为2，第二部电影的评分为5，第三部评分为3，那么算法会依据距离寻找与这些对应评分比较接近的那些人。

然而，这些推荐系统也会出现一些比较复杂的情况。在其他类型的项目中，也要留心这些问题。一个问题是，不同的人在评价项品时会使用不同的个人评价尺度（internal scale）。（我们可以回想到电视剧《辛普森一家》中的霍默，他的工作就是对食物进行评价，他会说："这家餐厅是我有史以来打分最低的一家：7分。）例如，如果评分范围在1到5分之间，对于我非常喜欢的东西，我会打4分，对于我很不喜欢的东西，我会打2分，其他的一律打3分。你可能对一些事物打分，会介于1到5之间。而其他人则有可能给所有的东西都要么打4分，要么打5分。因此，即便用看似客观的标准去打分，人们也会有不同的打分方式。这个问题可以通过皮尔森相关系数来解决。[3] 皮尔森相关系数的数学计算过程较为复杂，不在本书研究的范围之内，只需要知道，皮尔森相关系数是用来规范人们的评分，并试图找出评分次序相同的人的方法。例如，如果我对三部电影的评分依次为1分、3分和5分，而你对三部电影的评分依次为2分、3分和4分，皮尔森相关系数统一这些价值尺度，从而发现我们的偏好很可能是相似的。在分析被调查者对企业服务或其他指标评分的调查数据时，也有可能会遇到这个问题。

另一个问题是，那些每个人都进行过评分的产品总数目，相对于未被评分的商品数量而言，相对较少。我们不想让那些未被评分的物品对最终结果产生太大影响，也不希望看到两个人恰巧只对同一件物品进行评分，且评分相同的情况对最终结果产生太大影响。尽管这方面的具体内容也不在本书内容范围之内，但是知道零散数据相关问题也可以通过各种方法来解决（比如余弦相似度方法）来解决，是非常有益的。[4]

在这里，我们很容易理解，机器学习的"学习"部分在哪里发挥了作用。首先，随着人们对不同的项目进行评分，算法能获得更多质量更好的训练数据，也可以实现实时追踪，确定两个人员的偏好是否继续保持相似，或者开始产生分歧。然后，如果可以获得人们对这些推荐的反馈信息，那么可以进一步对过程进行优化调整。

### 4.2.4 回归分析

最后一种监督机器学习算法称为回归分析。将回归分析归入到机器学习的范畴，这似乎有点奇怪，因为回归分析比机器学习概念的提出要早得多，而且已成为统计学领域中一门完备的学科。但是回归分析却与其他机器学习算法确实有共同的特征：以训练数据开始；均是监督算法（由训练数据集得出结果）；利用数据来进行预测。

比如，假设你有记录货车运送产品的运输成本和货物装载行程的文件，样本中有296个观察数据，你希望搞清楚距离与运输成本之间的关系。在这种情况下，运输成本是一个因变量，这是因为做出了如下的假设：运输成本取决于其他的变量（这些变量被称为自变量），而距离是自变量。通过回归分析，你可以根据货车的运输装载行程来预测货车运输货物的成本。

从根本上讲，回归分析就是寻找穿过数据点的最佳拟合曲线。在更高级的回归分析中，回归曲线未必都是直线。图4.5展示了数据点和回归结果——这条回归曲线穿过了许多数据点。回归线可以用一个简单方程来表示，然后可用于预测未来。

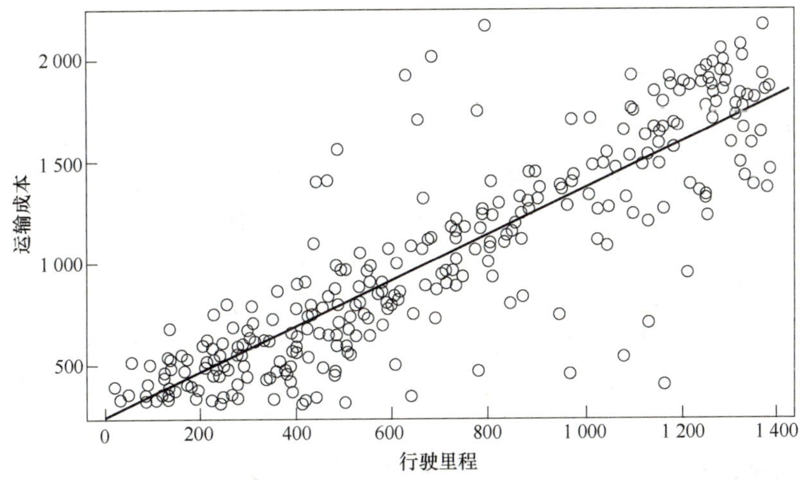


图4.5 回归的例子[5]

回归分析是一种用来做预测以及理解变量之间关系的有效工具，广泛应用于商业、科学和社会科学领域。我们将在第6章“预测性数据分析”中讨论在商业中最广泛流行的回归分析：需求预测。

鉴于一般院校甚至高中都有关于回归分析的课程，我们就不在此详细介绍这种算法了。（我们在本书后面推荐了一些有用的参考文献。[6]）

这里，我们列举了一些关于回归分析的有趣特点，这些特点与机器学习有关。我们认为这些事例能帮助读者在整体上对机器学习有一个更深入的认识理解。

第一，注意到下面情况是非常有趣的，当你拥有新的数据点时，需要从机器学习算法中摘录什么内容。在回归分析中，无论数据量有多大，其结果是一个简单方程。所以，对于任何你所希望预测的新数据点来说，你可直接将其代入这个方程。这一点与k最近邻算法恰恰相反，后者每一次运行都调用所有训练数据集。回归分析与决策树有些类似，可以通过设计程序来求得结果。

第二，回归分析是利用纯粹定量化的数据来运算的。在这一节的例子中，利用运输成本和行程数据进行回归分析，得到回归方程。可以将任何运输行程数值代入该方程，得到对应的运输成本预测。

注意，回归分析可将一些分类数据转变成取值为1与0两个值表示的二值变量。例如，想要表示货物是否为需冷藏的物品，就要对冷藏指派1，否则为0。这种二值变量在线性回归中只能作为自变量。这些二值数据点可以使用，是因为回归方程是由自变量乘以一系列的系数，然后加总而组成的多项式集合。所以，二值变量可于对应的系数进行搭配。在货物运输的案例中，如果冷藏货物运输的附加成本是175美元，则可以设计一个值为175的系数。当装运冷藏货物时，就用175乘以1，让运输费用增加175美元。当这个二值变量为0（即没有冷藏），就无需增加额外成本。

如果有多于两个分类，就需要进一步处理。例如，货车温度有三个可能的值（冰冻、冷藏或常温），那么你需要分别对“冰冻”创建一个取值为1或0的二值变量，同时对“冷藏”创建一个取值为1或0的二值变量，然后假定“常温”表示其他数值均为0的情况。不能只是简单地将变量转变成有1、2与3三个数值的变量，这会使得处置常温的费用成为处置冰冻费用的三倍，这种关系是错误的。

注意，决策树并没有这样的定量化要求。在决策树中，每一列数据可以是字母，也可以是标签（如冰冻或冷藏）。算法将任何拼写相同的内容视为相同内容来处理。而在k最近邻算法中，结果值也可以是文本值或标签，在这一章所举的例子中，你输入的数据应为数值，这样才能够测量距离，但是输出变量不一定是数值。这正是机器学习算法如此强大的原因：它们并不是单纯地依赖于定量数据。

第三，回归分析能进行自我检验。在其他机器学习算法中，扣留训练数据作为随机样本，使其成为测试数据，这样就能够检测这个算法执行效果怎样。对于回归分析来说，从一开始就运用全部数据，得到不同的检验结果，这些结果表明，回归方程对自变量和因变量之间关系预测的程度怎么样。例如，回归分析中，R 平方值告诉人们回归方程解释自变量和因变量之间关系的拟合程度怎样；p 值则给出了特定自变量在统计学上是否显著。如果你不记得回归分析的内容，那么这些术语听起来可能就显得技术性太强了，但当你用 Excel 表格进行回归分析时，你就会看到这些术语。有些机器学习算法的支撑数学公式并不特别完善，或者无法获得更详细的结果信息。这正是为什么你需要有一个测试数据集的原因。

第四，回归分析提供了关于预测结果可信度的信息。也就是，回归分析不仅用于预测，而且提供了预测结果的范围。例如，通过回归分析可以预测，货车行程 800 英里时成本为 1 000 美元。从回归分析中可以看出，这辆车有 95% 的可能性会花费 900 ~ 1 100 美元。一旦有这个范围，就十分有助于制定决策。如果范围为 200 ~ 1 800 美元，这说明，数据的变动性非常之大，我们在使用这些数据进行决策时，就应当十分谨慎。

第五，回归分析是一门发展完备的学科，回归分析的结果能够大体上反映出数据分析的情况。遗漏变量偏差就是一个典型例子。《管理统计学》中有一个例子对此进行了非常精彩的介绍。[7] 在这本书中，作者展示了一个例子，即如果你仅仅用三击未中（不好的事情）来做回归分析，以此预测美国职棒大联盟顶级运动员的薪水，那么你将发现棒球选手的三击未中情况越多，其薪水越高。这似乎是完全违反直觉的。你会认为像很多次三击不中这样的负面事情，会带来工资降低的后果。而问题在于，这个例子仅仅考虑一个变量，即三击未中的次数。事实上，那些打出许多本垒打（这是件好事情）的运动员也会打出许多三击未中。因此，当人们只用三击未中来进行分析时，三击未中这个变量就包含了隐藏的本垒打的信息。一旦忽略本垒打，这就导致三击未中变量的偏差。如果回归分析中既包括本垒打又包括三击未中，你就会发现，薪水随着本垒打数量的增加而上升，随着三击未中出局数的增加而下降。当这两个变量都包含在回归分析中，将本垒打当成常数对待，这时所考察三击未中的回归方程就会得出正常方程。

这个例子很好地说明，对于某个问题有上下文和大致的理解是非常重要的。三击未中会导致较高的薪水这件事情显得很奇怪，进一步思考并修正模型，会加深对问题本质的理解。这就是为什么人们通常建议在数据分析问题上，要向那些在相关领域有经验的前辈征求意见，即使他们可能没有参与到技术分析中。有时候，分析会和他们的经验相矛盾，但是大多数情况下，他们的经验在识别分析重要内容时是非常珍贵的。

标准的回归检验可以帮助你发现，除了遗漏变量偏误以外的其他模型问题。这包括下面的一些检验：一种检验是共线性检验，其揭示某些变量之间的相互关系过于密切，以至于你无法将其影响分割开来；另一种检验是检测异常值；以及检验是否存在着可能不是线性关系的变量。当存在变量之间不是线性关系的时候，你可以建立非线性二次模型，或者是对数模型，这些模型可能会更复杂些，但从长远来看能使回归更有力、更灵活。

## 4.3 无监督机器学习算法

无监督机器学习中，我们没有确定的想要寻找的答案，不能利用以前数据来测试算法。在此情况下，无监督机器算法只是简单考察会出现什么样的模式，并希望得到新的洞察力。从某种意义上来讲，它不会像监督机器学习算法那样理想，因为你很难找到你想寻找的有用信息，但另一方面，它有可能发掘一些新的模式，一些刚开始的时候没有意识到的规律。

有两种最常见的无监督机器学习算法，一个是聚类分析，另一个是关联规则。聚类分析通常会与 k 均值算法一起使用，而购物篮算法（很可能会一起购买的产品）是一种非常受欢迎的关联分析法则。

### 4.3.1 聚类分析与 k 均值算法

聚类分析可能是无监督机器学习算法中最受欢迎的一种形式。聚类算法和其他无监督机器算法可以探寻某种模式，你没有必要提前知道自己想找的是哪一种具体的答案。相反，你仅仅寻找模式，然后这些模式可能会带来新的发现。

在数据的聚类分析和确定模式方面，k 均值算法是最广为人知的算法之一。

使用 k 均值算法时，我们可以选择你所想要的聚类数目，这是 k 代表的意思，然后算法可将数据分成 k 类，将最相似的项目分到每一组。

k 均值算法通常用于人口研究。如果有一组数据描述各式各样不同的人员（他们在哪里生活、收入多少、是否经常旅行、多久参加一次宗教活动、是否做运动、家庭成员多少等），就可以让算法将这些人员分成不同的自然群组。然后，分析者考察每个组意味着什么（如果存在某种含义）。

几年前，一些政客在分析为他们投票选民的特点时，得出“足球妈妈”的概念。这极有可能是利用 k 均值算法得出的结果。当政治分析员观察这个聚类分析时，他们会发现，为他们投票的人中包括了许多已婚且有孩子的女性，她们大多住在郊区，有几个在上学的孩子并且孩子们会参加各种各样的活动（足球可能是最受欢迎的一个）。当然，k 均值算法不会得出管这个群体叫作“足球妈妈”的结论。然而，分析者通过观察这一群体的一般特点后，给这个群体冠以“足球妈妈”这个可爱称呼。

一旦你发现这样的群体，就可以针对此群体进行市场营销，提供各种服务，以及为他们提供潜在产品。例如，政客们通过特殊消息来拉拢“足球妈妈”，或者市场营销人员提供针对此群体制定特殊价位的产品。

一旦你确定存在这样群体，就需要开始交叉运用监督学习。针对“足球妈妈”这样的群体，就可以通过他们的特点将其他可能符合这一特点的人归到这一类中。而在开始这样研究之前，人们并不知道有此类群体存在。

你可能会觉得k均值算法本质上有一些模糊。你必须选择k个分类，然后你需要弄清楚各个分类的含义。因此，从这种意义讲，它确实很模糊。我们必须尝试选用不同的k值，并且要花时间分析结果。对于“足球妈妈”研究来说，如果k值取得较小，“足球妈妈”这个群体可能就会被融入其他群体，导致这个群体不复存在。如果k值取值太大，这个群体可能会被分成若干个小的群体（比如没有孩子的单身父母，住在城市里的人等），使得准确找到“足球妈妈”这一群体变得困难。

为了深入理解这点，下面介绍一些算法是如何运行的背景知识。

k均值算法就是找到最佳的$k$个点，以使全体数据的每一个观测值到那$k$个点的距离为最小。于是，那些点就代表了所有指派到那个点的全部数据观察值的“平均”值。正如k最近邻算法一样，该距离可通过不同方式加以定义，并且需要对距离进行标准化，以便于适用于多维度空间的应用计算。例如，如果二维是指家庭的收入和人员数，那么就需要对这些数据加以标准化，以便于家庭收入维度不会影响家庭人员数维度。所以，在我们“足球妈妈”的例子里，其中一个点被指派了各种不同类型的妈妈。而这些妈妈都有前面所提到的“足球妈妈”那些特点。然而，这些点也包括了一些男人和一些单身女人（他们也有“足球妈妈”的特点）。k均值算法并不会总产生完美的分类。

可以证明，寻找到$k$个最佳点是一件极其困难的事情。事实上，这个问题（在数学上）是如此之难，以至于你可能无法证明，你所找到是最佳的$k$个点。幸运的是，有一些方法可以帮助你快速地找到合理的答案。卡内基梅隆大学的迈克尔·特里克，在他的广受欢迎名为“迈克尔·特里克运筹学博客”中指出，尽管此问题在理论上非常困难，但是算法在自然聚类中可以工作得非常好。[8] 也就是，当你的基础数据具有与众不同的分类，并且你大约估计出k的正确值，那么算法将表现得非常好。

对于想利用k均值算法的人员来说，如果你选择一个$k$值，算法运行很慢或者没有显示什么结果，那么可能这个值不恰当你应该尝试各种不同的 $k$ 值。例如如果想要将人员分成三类，可能发现三类中的各个群组的群体都表现出：男人和女人有相同的数目，不同收入水平的人群有相同的数目，住在城市和农村的人群有相同的人数。也就是说，算法找不到这样的自然聚类。将 $k$ 值换成 3 至 6 中间的数，你可能发现，数据被分成的过多的自然群组。或者你不得不准备接受，数据没有自然聚类的事实。

例如，如果要分析商场所售的产品，同时想要根据每周销量和每周销量的变异性（各个周之间销量出现变化，并且它是一种很好的对未来的销量指示器）将商品分类，则可以建立一种如下的网格，其中每一个圆圈代表一种商品。当仅有二维空间的时候，可对 $k$ 均值聚类结果进行可视化处理。例如，图 4.6 展示出你将其分为三个聚类时所发生什么，黑线表示聚类的边界。

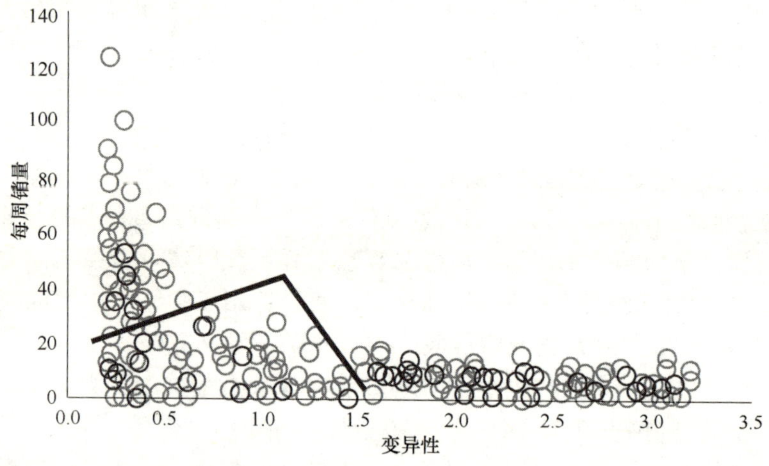


图 4.6　k 均值聚类的二维结果

在这个案例中，产品被分成三个聚类。左上角的聚类，是销量好且变化小的商品。对于这类商品，大可以放心地进货，因为它们很热销。右下角的聚类，是销量不好的，变化幅度大的商品。对于这类商品，不要储存它们，或者小规模地订购，因为我们无法预测它们什么时候能被卖出去。第三个聚类是销量小，变化也小的商品。这类产品的进货策略应该是上面两种策略的混合组合。

分析可以增加更多的维度，如产品的边际收益、储存产品所需空间的大小等，进而获得关于产品分组聚类的更多发现。当然，你也会失去简单地将群体进行不同分类的能力，但是像从前一样，你自己来决定你想如何处理这些不同的聚类分组。

我们在本书后面将回来继续讲解聚类分析，因为聚类分析有着广泛的应用领域。这里我们主要阐述对客户（或者选举人）进行聚类分析以及对商店产品进行聚类分析。

## 4.3.2 关联规则与购物篮算法

关联规则是无监督学习中另一种深受欢迎的类型。在这种分析中，人们试图发现什么样的产品会一起被购买，什么样的事件同时发生，或者什么样的特点彼此相互关联。最广受欢迎的关联规则就是购物篮算法。这种分析的内容顾名思义，源自于它最普遍的用法：确定什么样的产品在商店里通常会被一起购买。

购物篮算法如何运行，听起来非常简单：这个方法考察人们一起购买的全部产品。这种分析可以观察并确定一些非常简单的事实，比如人们通常会一起购买热狗面包和热狗肠。当然，这是非常平凡之事，不需要利用机器学习算法来探索。这个算法在探索你可能从未想到的事情联系方面更有价值。

在这类分析学中，最广为流行的例子具有相当大的争议：一些人认为，故事是真实的，另一些人认为，这只不过是一个都市传说。不管是真实的还是都市传说，其描述是：一家杂货商店发现，人们通常在买尿布的同时也购买啤酒。一般给出的解释是：刚做父亲不久的男士会倾向于跑到商店将尿布和啤酒放到一起购买（本书的两位作者都是三个孩子的父亲，当孩子处于换尿布阶段的时候，我们好像没有什么闲工夫享受啤酒。）。正如这个故事所说，为了进一步鼓励这种购买方式，这家杂货商店刻意将啤酒和尿布的货架安排得很近，以方便顾客购买。尽管大多数证据表明，这个故事有一定的夸张色彩，但从某种程度上来讲，这个故事确实证明了这些类型的算法具有潜在的力量。[9]

通过估算跟在全部杂货商店里购买行为有关的所有可能关联，是无法做到的，但是利用算法可以很轻易做到这一点。事实上，机器学习算法使得都市传说变得愈加合理，也使其能很好地解释这个领域的内容。

跟k均值算法类似，关联算法背后的数学原理事实上也非常复杂，并且此算法需要大量时间来运行。坦白地讲，介绍算法的细节部分并不能帮助我们建立起直观印象，但整体思想可以帮助理解为什么其运行需要耗费如此长的时间。从根本上说，算法需要考察一起购买的产品的每一种可能组合。这些数据集中的组合总数可以迅速地超过最大型计算机的存储容量。

让我们再次考察杂货商店的例子。一家杂货商店的货架一次就可以存放四万件不同产品。如果你购买 100 个产品，那么仅仅这 100 件商品就能产生大量的各种不同组合方式（大于 $10^{302}$ 个），任何一台计算机若想全部纳入计算，其存储容量也是不允许的。幸运的是，好的算法能够帮助我们迅速地解决这个问题，进而寻找到那些一起出售的商品。

最重要的一点在于，这些算法运行之后将会形成一份关于一起购买的产品清单，我们需要分析其结果，来查看是否能从结果中获得了新的发现。

如同其他机器学习算法一样，监督算法和无监督算法之间的界限也不甚清晰。关联法则也可以在监督方式下运行。例如，顾客挑选类似橙汁的某种商品，可以运行算法来查看哪种商品倾向于和橙汁一起购买，这就使我们能更详细地探索特定领域。[10]

## 4.4 对模型过度拟合与欠拟合的评注

太多关于介绍机器学习的天花乱坠的宣传，可能会让人们形成这样一种错误的观点：这些模型原理过于简单以至于无须去建造，只要选一个大型数据集，将其套用到机器学习算法中，就可以得到相应结果。如果真有那么容易就好了。不管是构建哪一种模型，我们都需要秉持一种认真的态度，同时要微调相关参数，就如同你做其他的数据分析项目一样。

当管理含有机器学习的项目时，特别需要注意模型欠拟合以及模型过度拟合的情况。

通常，管理者比较容易发现欠拟合模型。欠拟合模型是指那种没有使用充足的解释变量或输入变量来预测结果的模型。当对此模型进行测试时，会发现这种模型看起来没有比掷骰子的方法好到哪里去。并且，在提问时，它根本没有利用各种输入信息来进行预测。用来预测某人是否会在今年购买新轿车的欠拟合模型，可能只包括了收入水平这一个变量。而这个因素在预测某人是否会购买一辆新轿车中可能起到的作用很小，预测并不准确。

相对而言，过度拟合模型更容易被管理者忽视。在某些情况下，管理者会令其分析师创建过度拟合模型。过度拟合模型是指那种使用太多变量来解释输出结果的模型。想要阻止这些模型的产生是非常困难的，原因在于这类模型时常在训练数据基础上，给出相当准确甚至接近于完美的预测，也就是，当你执行算法并查看利用训练数据做得怎么样时，你得到的预测精确率高达 80%、95% 甚至 99%。这是非常难得的。对于分析师来说，可能有趣的是，莫过于微调参数，同时观察在训练数据方面的预测精度是否上升。对于管理者来说，则会倾向于向你的分析师施加压力，使其微调过程保持期望精度从70%能上升到80%，甚至更高。然而，这种模型也存在问题，过度拟合模型可能不能非常准确地预测新的数据点。鉴于过度拟合的特点，大量的输入变量成为噪声，实际上会导致丢失重要的变量。除此之外，这类模型并不适用于管理者进行决策。它并不能让管理者认识理解关键的变量。

那么究竟是什么因素导致了过度拟合模型的出现？一个最明显的原因在于，这种模型存在太多的解释变量。例如，让我们回到前面预测新轿车购买的模型上。如果手中有100个人的训练数据集，同时将解释变量列表扩展到10到20之间（所有变量也都取一组数值情况下），那么机器学习算法能构建一组规则，使得每一位顾客都有属于自己的独特参数。所以，此算法针对这100个人员运行，最终将准确地预测其行为。

我们希望读者现在就留意这类问题，为的是预防过度拟合模型存在。现在让我们来讨论一下如何避免此种模型的出现。

第一，解释变量的数量通常应该远远小于你的数据集。这样做就允许每一个独特的解释变量的组合具有足够的样木，来使变量组合有意义。例如，如果手中有50万人的数据，同样是10到20个的解释变量，此时每一组解释变量都能有相当数量的人数。但对于100个人来说，如果还有那么多解释变量，则有可能1人一组；然后，算法本质上可以调整数据中的每一处细微差别，包括那些对于某些点可能是异常值或不具有代表性的数据，此时规则就完全没有了意义。

第二，当我们对训练数据进行测试，可以发现完美到无懈可击的预测。这就为什么你在创建训练数据集和测试集数据时，需要特别仔细留意的原因。过度拟合模型会捕捉到训练数据中所有细微的差别，但是在测试数据中却很可能失败。

如同任何其他复杂的项目一样，在许多情况下机器学习项目并不能发挥作用。最好记住这一点，毕竟机器学习是一个崭新领域，它并不能保证你的项目会百分之百成功。[11]

## 4.5　其他机器学习算法与总结

除了本章前面讨论的几种算法以外，还有一些其他非常有价值的机器学习算法。

例如，在文本识别领域存在一些算法，这些算法可以根据邮件中的措辞类型，来确定是否是垃圾邮件，其功能远远超过 k 最近邻算法。《经济学人》杂志最近对一种技术进行了报道，这种技术可以通过分析邮件（目的不仅观察某些措辞，还有行为上的变化），分析费用报表以及相关联系，来判断是否是欺诈行为。[12]这种技术依靠机器学习来理解文本含义。叙事科学（Narrative Science）公司由几位具有新闻和通信背景的人创立，这家公司颠覆了以往基于文本的分析方法。叙事科学公司发明了一种名为 Quill 的产品，输入原始数值数据，随后会自行输出成文的报道。其创造的灵感来源于：相对于图表人们更擅长理解文字性的故事。在公司举办的多次公开演讲中，叙事科学公司经常给出这样一个事例，事例表述他们在棒球比赛中拿到得分记录表，然后就可以写出一篇新闻报道，其真实性跟在现场观赛后撰写的文章并无太大差异。事实上，事后很难分辨这篇报道是否出自机器之手。他们已经在少年棒球联赛这片领域发现了有利可图的利基市场（利基市场（niche market）是指由已有市场绝对优势的企业所忽略的某些细分市场，并且在此市场尚未完善供应服务。一般由较小的产品市场，并具有持续发展的潜力中一些需要但尚未被满足的族群消费者所组成。译者注），即为孩子和父母写高质量的文章。

在这一章，我们只是讨论了这几种典型的算法。其他作者或许会挑选一些不同的但同样合理的例子来进一步阐述。我们的目标在于让读者更好地了解日常使用的机器学习算法的几种类型，在许多情况下，这些算法会在你不知不觉间就影响你的日常生活。同时，我们也想帮助读者认识理解关于机器学习方面的技术及重要问题，以便能更好地做研究，或者在遇到新的机器学习算法时，能提出更有深度的问题。

后文阐述描述性数据分析、预测性数据分析以及规范性数据分析的问题时，还会涉及这些算法，我们将在这三个问题各自的单独章对其进行讨论。如果你刚开始学习数据分析领域的相关知识，那么对于你来说，上述领域仍然是新的知识，但在一般的商业新闻界，这三个问题和数据分析紧密联系。

## 尾注

1. 关于培训和数据检测的内容，可以在本书的网站上找到（www.managerialanalytics.com）。我们使用开源软件 Weka 运行数据分析。

2. 我们应用开源程序 Weka 建立了决策数据树。

3. 皮尔森相关系数可应用在许多不同公式中。我们在名为《程序员数据挖掘指南》

的书中对皮尔森相关系数给出了浅显易懂的解释。参看“非传统参考书目和扩展阅读”对这本书提供的简要总结。

4. 为了对余弦相似度公式给出很好的解释，我们再次推荐《程序员数据挖掘指南》。参看“非传统参考书目和扩展阅读”对这本书给出的简要总结。

5. 这张图是使用开源统计软件包 R 绘制的。

6. 特别地，我们推荐《赤裸裸的统计学》和《管理统计学》两本书来更详细地学习如何进行回归分析。参看“非传统参考书目和扩展阅读”。

7. 《管理统计学：基于案例的方法》，作者彼得·克里巴诺夫（Peter Klibanoff），阿尔瓦罗·桑德仑尼（Alvaro Sandroni），波阿斯·莫塞勒（Boaz Moselle）和布雷特·萨拉尼提（Brett Saraniti）（2006）。

8. 来自名为迈克尔的小技巧的博客文章“实际应用中的简单问题和难题”（http://mat.tepper.cmu.edu/blog/?p=1751），这篇博文参考了“David Eppstein of the blog 0xde”。

9. 网址 www.theregister.co.uk/2006/08/15/beer_diapers/提供了这个故事的一篇推荐文章，使用快速导航，你可以很容易地找到其他推荐文章。

10. 彼得·哈林顿在他的著作《机器学习实战》中给出一个独特的例子。他的学习数据集合是由各种不同种蘑菇的一系列特征所组成。在非监督模式下，相同的市场购物篮形式数据分析的能够帮助确定蘑菇的什么样特性可以分成一类。其中一个数据点体现出每一种蘑菇是否有毒。在执行市场购物篮形式数据分析时，你可以规定想要了解什么样特征与毒蘑菇相伴。这就像监督学习，你需要试图找到蘑菇的哪些其他特征与毒蘑菇相配。在这个案例中，研究者想要了解毒蘑菇所共有的特征是什么。

11. 罗伯特·尼斯贝特，约翰·埃欧德五世，加里·迈纳在他们的《统计分析和数据挖掘应用手册》中有一章提供了关于数据挖掘十大错误的内容。如果你开始学习数据挖掘，这本书值得一看。

12. 这个案例来自 2012 年 2 月 18 日《经济学人》的一篇文章，名为《注意你的语言》。

# 第 5 章 描述性数据分析

描述性数据分析能帮助你认识理解商业或组织发生了什么或正在发生什么。从广义上讲，描述性数据分析能使你认识你所正在搜集的数据的意义。有人说，它能将你的数据转变成信息和发现。

你或许觉得这听起来好像只是将数据制成报表，对此我们同意你的这个观点。当然，报表不是一件新鲜的事儿。许多组织一直以来都必须将月度、季度以及年度的商业营业整合成报表。许多组织同时还需要整理各种其他报表，来完成一些日常性工作，比如支付工资、佣金，记录销售额或向供货商付款等，能够帮助人们更好地理解生产力、服务以及测量其他事项。利用时下流行的称谓“描述性数据分析”，与使用过去所使用的术语“报表体系”相比，能使使用者获得更多的关注和销售额，这样的想法或许在一定程度上是正确的。然而，这个领域发生了许多事情，令人们意识到，好的报表也是一种数据分析类型，同样能帮助人们做出更好的决策。这种情况也体现在文字报表中，报表会使人想起含有行与列的数字表格。正如我们将会看到的那样，描述性数据分析意指用于帮助人们从数据中获得发现的一系列更多样、更宽泛的方法。（在这本书中，我们使用产业标准术语：描述性数据分析，读者可以自行判断是否应该用报表数据分析来取代这个术语。）

数据分析存在三个类型，也就是描述性数据分析、预测性数据分析及规范性数据分析，而描述性数据分析是至今应用范围最广的：从许多组织花费更多的资金和时间致力于此就可以看出来。其原因很简单：一些组织非常复杂，因此他们很难及时获得信息来做出好的决策。虽然本书的各位作者都倾向于研究预测性数据分析和规范性数据分析中更为精密的数学运算，但事实是，许多决策并不那么复杂。如果管理者们可以通过拥有正确的信息来更好地理解他们的商业，那么他们就可以更容易地（或许并不是一直都是容易地）做出正确的决定。

比如，一些医院一直对某些重要的结果进行跟踪记录，例如记录因血液导管而发生感染的病人人数。这些感染非常严重，甚至可导致病人死亡。《纽约时报》上一篇文章报道，2006 年，8 万名重症病房中的病人发生此类感染，其中 2.6 万名病人死亡。数据和问题都为人所熟知，然而解决方法却难以找到。最终彼得·普洛诺佛斯特医生（Peter J. Pronovost）想到一个办法：在插入导管之前，先看看一张简单的核对清单。这张清单包括以下一些基本项目：洗手，清理患者的皮肤，戴消毒面具，在导管处放消毒纱布包。在外人看来，这张清单似乎有些琐碎，并且很难相信医生会不按照这些步骤操作；然而在匆忙的重症监护病房中，这些简单的步骤很容易被遗漏。[1]

为了观察清单是否有效，研究者在密歇根的几家医院进行了为期 18 个月的测验。结果非常明显，也非常令人惊讶。通过按照清单来操作，感染的人数基本降至零；据估计，有 1500 条生命因此得到挽救。

在这个案例应用中，描述性数据分析非常简单。研究者观察了测验之前和测验时发生感染人数的数据。他们并不需要运用复杂的数学运算获得测验结果，而只直接观察数据，然后发现他们取得了成功。

虽然血液导管案例由于涉及了生与死而显得极端，但是它强调了只要你观察数据，许多正确决定的做出都是平平常常的事情。例如，如果机器 A 和机器 B 能做完全相同的事情，而机器 A 的价格更便宜，那么你就无需做其他分析来告诉你需选择机器 A。一直以来的问题在于，由于没有合适的数据呈现，我们可能永远都不会知道答案。（怀疑论者可能会指出，即使组织知道了最佳决策，他们可能依然不去实施。或许这种说法是正确的，但这不是本书主题。）

因此，描述性数据分析的要义在于通过描述数据，更好地认识实际情况并做出好的决策。那么，好的描述性数据分析由哪些要素组成呢？我们将其分成四大类型：

- 从数据库中获取信息，并能对数据库进行探索——绝大多数的组织早已搜集到大量的信息。这些数据储存在或应该储存在数据库里。管理者需要知道，如何获取这些信息。事实上，我们正在看到这样的趋势：MBA 学生要求知道或者通过学习后知道如何通过 SQL（本章稍后续将会谈及）来获取数据。所以，管理者不再依赖 IT 技术性人员来检索信息，而是需要自己知道该如何操作。
- 优良的可视化——这远远不止只是制作好看的图和表。关键在于选用一种形式尽可能多地传递信息，以便人们快速地理解所报告的信息。这包括清晰的图、图表、地图及信息图形。
- 描述性统计数据——虽然人们在处理数据库的时候会自然而然地搜集许多基本的统计数据（如平均数、最小值、最大值、记录数等），但观察变异性与相关性也是非常重要的。
- 机器学习算法——好的描述性数据分析需要用到机器学习算法来探究数据中的模式，而这些模式是无法简单地通过报告或绘制优良的可视化图形来发现的。

我们将更详细地阐述这四个方面内容。考虑到数据库是进行描述性数据分析的基础，所以我们大部分时间将用在研究数据库上。

## 5.1 基于数据库的描述性数据分析

通过数据库进行的描述性数据分析通常和商业智能（BI）系统联系在一起。售卖商业智能（BI）系统的销售商可能不同意这种说法，但确实可以将商业智能系统看成一个报表系统。不过，不要低估了一个好的报告系统的价值。请记住：绝大多数公司为了商业运营、收银操作、订购产品、支付账单和编制财务报表，建设许多 IT 基础设施。虽然这些系统不一定能使报告更准确，也不一定能使你了认识理解商业运营中的细微之处。

但假如没有商业智能系统，你会惊讶地发现想要回答有关商业的基本问题（比如，我们给亚特兰大发了多少绿色衬衫呢?）都非常困难。一个好的商业智能系统能将交易系统和其他系统（每个公司都有各种不同类型的系统）中的数据集连接在一起，同时为你生成标准的、特定的报表，为的是让你更好地认识你的商业活动。拥有完善的商业智能系统的关键是要将来自不同系统的数据联结起来，这样你就可以灵活地总结数据或者透彻地深入研究细节，特别是在事先不知道你想要什么样报表的时候。

换一个方式考察商业智能系统：它将数据转化成信息，同时它有利于将信息转化成知识。

我们所说的数据，意指有关某个公司或组织的原始事实。这个事实可以是关于顾客、捐赠者、供应商、雇员、销售额、出货数量、库存等信息。原始事实还可以包括某个顾客的地址，或者这样事实——有位顾客上个星期四买了一件绿色衬衫，或者仓库里还有 10 件绿色衬衫。它所表明的就是实际情况，别无其他。

我们所说的信息，意指经过某种方式处理的数据，它给出了另外的发现。假设商家在 6 月份卖出 500 件绿色衬衫，这条信息——将 6 月份卖出的所有绿色衬衫数量都加起来——就能促使商家采取某种行动。如果 500 件衬衫是个不小的数量，那么商家可利用这个信息在 6 月份的时候多订购一些绿色衬衫，或者记住 6 月份的库存是多少。为了得出信息，需要有效地处理信数据。如果有一些崭新的、创造性的方法来处理数据，就能得出新的信息，而这些信息就有可能改变人们的观点。

相较于数据和信息，知识更难定义，并可以引发长久的讨论，这已超过本书的范围。但是，对于我们当下的目的来说，知识意指了解相关的所有主题，包括认识理解数据，认识相关的信息，以及与之相关的其他主题。通常，知识是通过积累经验或者对本领域的学习而获得的。我们之所以在这里提到知识，是为了说明商业智能系统的销售商希望能够自动地提供知识。虽然有些销售商和研究者正在努力研发使之成为可能，但是我们这里的目标是，只限于认识理解如何从你的数据库中获得有用的信息。

在本章余下部分中，我们将介绍有关数据库和商业智能的背景知识，帮助读者更好地应付各种不同的术语和应用。

### 5.1.1　数据库基础

在进行描述性数据分析时，无论你是实施大型商业智能系统，还是创建 Excel 工作表，你都会认识到组织数据的必需性。早期的数据库设计者也意识到了这一点。事实上，一个数据库包括数据（事实）和数据结构（组织）。快速的解决方案以及当今的标准均为标准化关系数据库。

认识理解数据库似乎是 IT 部门的职能而非管理者的职责。但是，作为一位管理人员，你可能不得不监督一个创造并维护大量数据的项目或小组，而数据储存在数据库里。如果管理者对数据库有了基本的认识，那么就可以更出色地管理项目，并且做出更好的决策。此外，我们已经发现，对数据库有所认识的管理者处于更有利的地位，能更有效地处理手里的数据。对数据库有所认识之后，就能探索自己的数据、制作报表和图表。换句话说，有能力充分利用数据库的管理者将更擅长于描述性数据分析。

简而言之，数据库仅仅是将数据以结构化方式储存。数据库的结构构成了一系列完整的规则来规定每一个数据的数据类型、不同数据之间关系，以及确保关系发挥作用的约束条件。在这一节中，我们将更详细地阐述这些内容。

数据库的核心是表格。一张表格由行和列组成，行所表示的数据代表了实体事例；列所表示的数据代表了实体属性。[2] 在如图 5.1 所示的例子中，每一行代表一个人，包括他/她的名字、性别、所在城市、所在州以及语言。[3]

| ID | 姓 | 名 | 性别 | 城市 | 州 | 所讲的语言 |
|---|---|---|---|---|---|---|
| 1 | 迈耶 | 康妮 | 女性 | 纽约 | 纽约 | 英语 |
| 2 | 约翰逊 | 奥利芙 | 女性 | 达拉斯 | 得克萨斯 | 英语 |
| 3 | 米勒 | 雷蒙德 | 男性 | 亚特兰大 | 佐治亚 | 英语 |
| 4 | 克拉克 | 克拉伦斯 | 男性 | 芝加哥 | 伊利诺伊 | 英语 |

图 5.1　数据库表格例子

单个数据库表就像你使用的 Excel 工作表。然而，Excel 在许多不同方面表现得不及格。如果你是个仅仅以 Excel 来工作的经理，那么你可能没有认识到它的缺点。一旦你看到数据库的功效，你会发现，将大的电子表格转换为更有效的数据库，会提升描述性数据分析的能力。

Excel 在定义数据类型方面的强制力有所欠缺。例如，它规定 ID 字段只能是整数，姓名字段只能是文本，性别只能是“男性”或“女性”，以及语言只能在列表中选择。现在，Excel 也可以做这方面的某些内容了，但大多数用户实际上并不具有这样的专业知识。

Excel 真正的问题是，它无法创建表与表之间的数据关系和约束。如果你在 Excel 中存储数据，那么你可能看到这种情况：某个数据处于多个表中，而你不得不将这些数据链接在一起。

当许多表格之间有各种关系时，数据库发挥作用的时候就到了。另一种说法就是，在许多种情况下，由于不同类型的数据描述的是不同事物，所以它们需要储存在不同的表格里。这时候就要用到规范化的关系数据库了。

对于各种不同的数据块，数据库要用不同的表格记录，对数据库规范化（或直接设计优良的数据库）就是为了让每一块数据只能储存在一个表格里。当这些表格相互联系时，你能知道哪些数据属于其他数据。

我们仍然用前面表格的例子，正如图 5.1 所展示的。假设这张表格代表了医院里的病人，每个病人都不止一次地去医院看病，而每一次看病可能涉及许多步骤。

储存这些信息的一种方法是将存其存在用一张大表格里，如图 5.2 所示。这张表格违背了关系数据库的设计原则：每个病人的名字都重复许多次，每一次看病的细节及看病费用记录也重复许多次。由于单次看病费用重复记录，因而不能将列表中的费用直接相加，否则费用是双重计算的(或是多重计算)。这种方法创建了多余的数据，产生额外的储存要求，还有可能导致数据发生错误（比如将病人的名字拼写错误）以及在修改时发生逻辑错误（例如，如果要修改病人的名字，你就需要找到每一个问题所在处，然后进行修改)。

| ID | 姓 | 名 | 城市 | 州 | 语言 | 看病 | 看病费用 |
|---|---|---|---|---|---|---|---|
| 1 | 迈耶 | 康妮 | 纽约 | 纽约 | 英语 | 19-08-13 | 325.00 美元 |
| 1 | 迈耶 | 康妮 | 纽约 | 纽约 | 英语 | 19-08-13 | 325.00 美元 |
| 1 | 迈耶 | 康妮 | 纽约 | 纽约 | 英语 | 20-08-13 | 450.00 美元 |
| 1 | 迈耶 | 康妮 | 纽约 | 纽约 | 英语 | 20-08-13 | 450.00 美元 |
| 2 | 约翰逊 | 奥利芙 | 达拉斯 | 得克萨斯 | 英语 | 21-08-13 | 100.00 美元 |
| 3 | 米勒 | 雷蒙德 | 亚特兰大 | 佐治亚 | 英语 | 22-08-13 | 200.00 美元 |
| 4 | 克拉克 | 克拉伦斯 | 芝加哥 | 伊利诺伊 | 英语 | 23-08-13 | 700.00 美元 |
| 4 | 克拉克 | 克拉伦斯 | 芝加哥 | 伊利诺伊 | 英语 | 23-08-13 | 700.00 美元 |

图 5.2　不符合关系数据库标准的表格

解决这个问题的方法是将数据规范化，记录在不同表格里。大致来讲，规范化数据意指在一张表格里没有数据元素是重复的。如果你发现自己重复输入数据，那么你应该换另一张表格。为了使图 5.2 中的数据规范化，可以创建三张表格：一张是病人情况信息表，一张是看病情况表，还有一张是看病程序表，如图 5.3 所示。

病人情况表

| 病人 ID | 姓 | 名 | 性别 | 城市 | 州 | 语言 |
|---|---|---|---|---|---|---|
| 1 | 迈耶 | 康妮 | 女 | 纽约 | 纽约 | 英语 |
| 2 | 约翰逊 | 奥利芙 | 女 | 达拉斯 | 得克萨斯 | 英语 |
| 3 | 米勒 | 雷蒙德 | 男 | 亚特兰大 | 佐治亚 | 英语 |
| 4 | 克拉克 | 克拉伦斯 | 男 | 芝加哥 | 伊利诺伊 | 英语 |
| 5 | 迈耶 | 康妮 | 女 | 纽约 | 纽约 | 英语 |
| 6 | 迈耶 | 康妮 | 女 | 纽约 | 纽约 | 英语 |
| 7 | 迈耶 | 康妮 | 女 | 纽约 | 纽约 | 英语 |
| 8 | 克拉克 | 克拉伦斯 | 男 | 芝加哥 | 伊利诺伊 | 英语 |

看病情况表

| 病人 ID | 看病 ID | 看病日期 | 看病费用 |
|---|---|---|---|
| 1 | 1001 | 19-08-13 | 325.00 美元 |
| 1 | 1002 | 20-08-13 | 450.00 美元 |
| 2 | 1003 | 21-08-13 | 100.00 美元 |
| 3 | 1004 | 22-08-13 | 200.00 美元 |
| 4 | 1005 | 23-08-13 | 700.00 美元 |

看病程序表

| 看病 ID | 程序 ID | 程序 | 程序费用 |
|---|---|---|---|
| 1004 | 7501 | 实验室测试 | 200.00 美元 |
| 1005 | 7502 | 专家医生门诊 | 400.00 美元 |
| 1001 | 7503 | 普通医生门诊 | 200.00 美元 |
| 1002 | 7504 | 实验室测试 | 200.00 美元 |
| 1002 | 7505 | 扫描 | 250.00 美元 |
| 1005 | 7506 | 实验室测试 | 300.00 美元 |
| 1001 | 7507 | X 射线 | 125.00 美元 |
| 1003 | 7508 | 普通医生门诊 | 100.00 美元 |

图 5.3　规范化数据库的例子

值得注意的是，这些数据通过表格中的 ID 而相互联系。这些起到连接作用的 ID 被称为主键和外键。主键是主表中起到识别作用的 ID 号。当 ID

号用于另一张表格使之与主表联系在一起时，这个 ID 号被称为外键。在此事例中，“病人情况表”中的“病人 ID”就是主键。当“病人 ID”在“看病情况表”中出现时，它成为外键，我们使用外键返回到“病人情况表”，并检索病人基本信息及诊疗信息。

注意，同样，病人 ID 也多次出现在“看病情况表”中。这也强调数据库结构的另一个重要特定：关系约束。在此例子中，这个关系是：一个病人可以有许多不同次的看病记录，但每一次看病情况只能和一个病人对应起来。关系约束有助于确保数据库的完整性并保证数据干净。

同样，关系也适用于看病程序。在每一次看病时，病人可以办理多次程序。可以对数据进行完整性检验，以此确保看病的费用等于个体病人各种程序加起来的费用。

数据库的“魔法”在于，通过表格中起联系作用的 ID 号，可以非常方便地查阅数据库，并抽取需要的信息。

还需要注意的是，当对表格进行可视化处理时（如图 5.3 所示那种表格），一种标准的实践做法是展现表格中的字段以及主键和外键的联结。还有一种常用做法是，利用“1”表示一次，并利用“∞”表示多次（或者无限多次，Microsoft Access 数据库管理中的专用符号）。这种方法能清楚地表明一位病人有多次看病情况，并且在一次看病情况下，一位病人可办理多次程序。这些关系如图 5.4 所示。

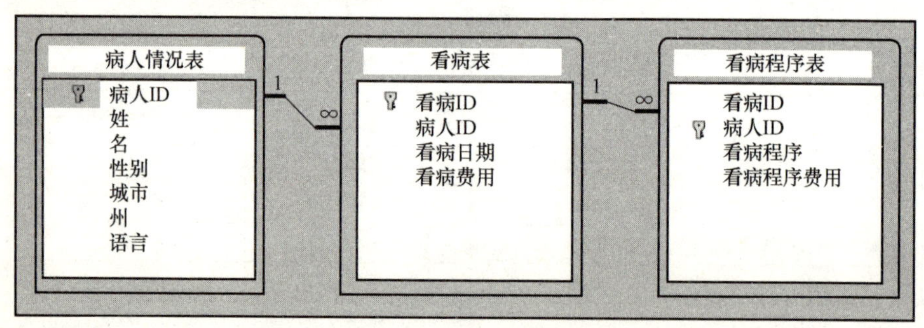


图 5.4　病人、看病情况以及程序的关系图

除了使表格规范化以外，你还很容易地设定字段的完整性规则。比如，你可以规定是否某个字段只能填写数字或文本信息，是否都必须要包含特定的值（比如“女”或“男”），或者是否必须以某种特定的格式来填写（比如日期）。

当你察看图 5.1 中原始信息情况表时可以看到，有一个字段是病人所讲的语言情况。有一种可能，某些病人会说多国语言。如果你用 Excel 表格操作，那么可以看到，出现所谓字段信息过多的问题，也就是在一个字段里输入多个信息。举例来说，图 5.5 表明，当语言情况只有一个文本字段可填写时，会发生什么样的情况：使用者会在同一个字段中输入多种语言。当允许诸如此类的随意输入文本的情况发生时，数据库里无意间多出许多错误拼写以及缩写，进而加大了数据点匹配的难度。因此，一个字段中信息输入过多是一种不良的习惯做法。在这个例子中，如果有人说三种甚至更多的语言，那么事情将变得更糟。对于这个问题之后，如果仅使用 Excel，一般会创建多个列表来记录语言情况，如语言 1、语言 2 等。但是这么做只是治标不治本，一个字段不会再出现多个信息，但现在新的问题出现了，那就是分析匹配数据的难度大大增加，因为有时“英语”填写在第一列，而有时出现在第三列。

| ID | 姓 | 名 | 性别 | 城市 | 州 | 语言 |
|---|---|---|---|---|---|---|
| 1 | 迈耶 | 康妮 | 女 | 纽约 | 纽约 | 英语/西班牙语 |
| 2 | 约翰逊 | 奥利芙 | 女 | 达拉斯 | 得克萨斯 | 英语 |
| 3 | 米勒 | 雷蒙德 | 男 | 亚特兰大 | 佐治亚 | 法语/英语 |
| 4 | 克拉克 | 克拉伦斯 | 男 | 芝加哥 | 伊利诺伊 | 英语 |

图 5.5　过多字段信息的例子

利用规范的数据库结构就可以轻松地解决这个问题。如图 5.6 所示，将所说的多种语言分别填写在各自不同的表格里，如此一来，现在记录每个人说一种或多种语言都会变得非常容易。

| ID | 姓 | 名 | 性别 | 城市 | 州 |
|---|---|---|---|---|---|
| 1 | 迈耶 | 康妮 | 女 | 纽约 | 纽约 |
| 2 | 约翰逊 | 奥利芙 | 女 | 达拉斯 | 得克萨斯 |
| 3 | 米勒 | 雷蒙德 | 男 | 亚特兰大 | 佐治亚 |
| 4 | 克拉克 | 克拉伦斯 | 男 | 芝加哥 | 伊利诺伊 |

| 病人 ID | 语言 ID | 语言 |
|---|---|---|
| 1 | 101 | 英语 |
| 1 | 102 | 西班牙语 |
| 2 | 103 | 英语 |
| 3 | 104 | 法语 |
| 3 | 105 | 英语 |
| 4 | 106 | 英语 |

图 5.6　语言独立表的规范化表格

图 5.6 中两张表格之间的关系用“病人 ID”来关联，如图 5.7 所示。

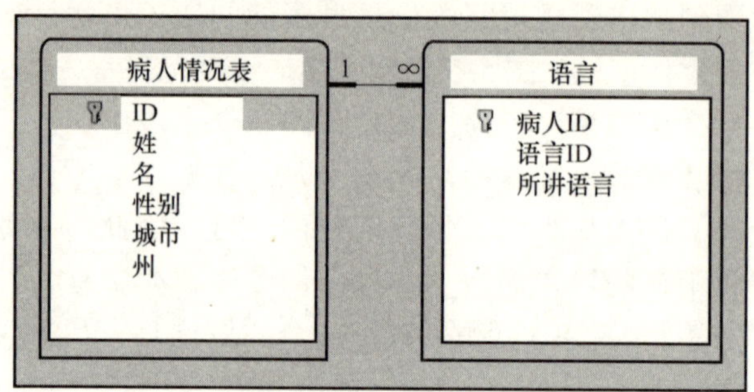


图 5.7　病人和病人所说语言之间的关系

一旦将数据录入某个数据库工具中，现代数据库技术将为使用者展现许许多多的可能性（如果你想要以自学方式立即开始使用数据库，Microsoft Access 数据库管理系统就是一个好的选择）。

关系数据库可以让用户运用一种标准语言来查询数据（SQL 语言，本章稍后将会涉及）。对于小型 Excel 电子工作表来说，这可能用处不大。但是当你处理大型的、包含多个标签的工作表，并试图用新的方法概括数据时，你就很快会遇到查询困难。

对于更大型的项目来说，关系数据库技术还能让许多人同步访问数据。由于常常有许多人想要获取同样的数据，因此关系数据库技术给商业带来的好处是十分明显的。

最后，关系数据库技术还允许用户重新安排数量级。如果不断地扩大 Excel 电子工作表的容量，工作表会很快出现故障，难以处理数据；而关系数据库允许轻松地重新安排数量级，并储存庞大的数据集。

### 5.1.2　数据建模

既然你已经领略了规范化关系数据库强大的功能及其灵活的应用，那么这就值得你花费一些时间研究这些数据库是如何设计出来的。

数据建模专家设计数据库的过程和建筑师设计楼房非常相似。在没有和建筑师沟通之前，你是不会贸然设计一幢楼的。同样地，对于许多管理者来说，当他们被领导要求回答关于一个项目会涉及大量数据时，他们会倍感惊讶——谁都不想在没有咨询数据建模专家的情况下，自行建立数据库。

因此，如果组织正在执行大型数据分析项目，并需要管理数据，那么请一位数据建模专家来辅助你是十分必要的。这一节内容将帮助读者认识理解数据建模师是做什么的，为什么他们的工作如此重要。

在数据建模过程中，存在三个极为重要的步骤：

1. 创建实体关系图；
2. 创建关系模型；
3. 数据库编程。

下面，我们来逐一讨论。

创建实体关系图是数据库设计的第一步。其构思来源于 1976 年陈品山（Peter Chen）所写的一篇论文。[4] 创建实体关系图的目的是，在避免涉及复杂的数据库的情况下，设计一种数据模型。实体关系图之后会作为设计数据模型的沟通工具。因而，对于管理者来说，针对实体关系图的方方面面的沟通十分重要。它还能促使技术团队与商业用户共同合作，确保各个条件得到满足。如果没有这个工具，这两个团体将很难进行有效的沟通。

创建实体关系图会涉及下面几个定义：

- 实体——你可将实体看成是现实世界中的物体或人物，比如病人、顾客、产品或者程序。通常，这些实体就像其名词那样，用来描述你想要在数据库里包含的内容。
- 关系——关系定义了各个实体之间是如何互相联系在一起的。例如，顾客购买产品，或者病人接受看病的各项程序。关系和动词十分类似（在例子中，关系类似于“接受看病”和“购买”）。
- 属性——属性是指实体或关系的性质。例如，病人有名字、性别以及所说的语言。另一个例子是，病人接受看病有多种多样的程序。这里的属性可以类比为形容词或副词。

在前面实体关系例子中，长方形代表实体，菱形代表关系，而椭圆形则代表属性，如图 5.8 所示。

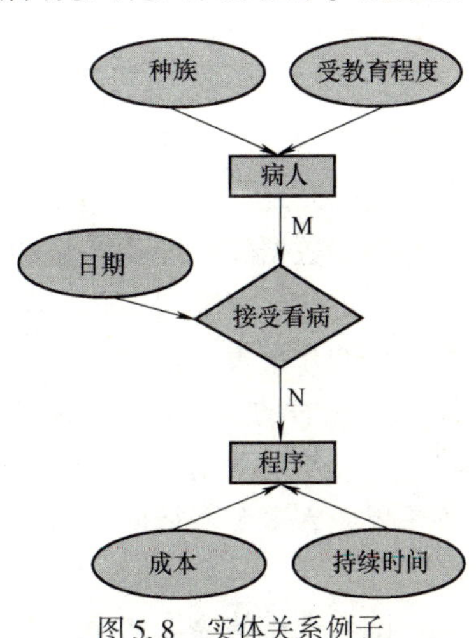

图 5.8　实体关系例子

下一步是创建关系模型。鉴于在这一步中还尚未给数据库写代码，因此在这个意义上讲，它仍然仅仅是逻辑模型。但是这个逻辑模型列出了所有的表格、表格中的所有列、表格中的主键及外键，以及各个表格间的关系。换句话说，关系模型将实体关系图转化成一种类似于数据库蓝图的东西。这就引出了第三步：程序员利用实体关系图和关系模型，为数据库进行编程。

在某些数据库中，比如 Microsoft Access 数据库管理系统，当你创建数据库之后，可以预览关系模型，图 5.4 和 5.7 就是这样的两个例子。连线揭示出表格之间的关系，准确地表示了将一些表格连接在一起的是哪些字段。而线上标注的数字则代表关系的数量。在此情况下，表格中的某个人只能拥有一个性别，然而多人可以拥有同样的性别（请注意，这种一对多的关系可能是最常见的关系约束，但是你也可以创建一对一、多对多的关系。）

我们接触的所有书籍、课程以及各个学位都研究数据库设计以及概念性东西。这一小节内容的目的就是打算让读者作为一位管理者，能对基本原理有一个总体的把握，进而知道如何开始着手这方面的活动，以及确定所需询问的问题；同时也打算帮助读者，在需要管理大型的分析项目时，了解创建复杂的数据库所需要的几个步骤。

### 5.1.3 学习 SQL 语言，更好地认识数据

一旦数据被录入标准关系数据库里，就可以利用一种标准计算机编程语言 SQL（即结构化查询语言）来获取数据。SQL 的一大好处是它是查询关系数据库软件的标准语言，所有的关系数据都使用这种语言。但你应该知道的是，没有什么力量会迫使各种不同销售商遵循这个标准，因此具体实施时销售商之间存在略微的差异。但是，无论你使用哪个软件，有关 SQL 语言的基本知识及 SQL 的一般概念均是一致的。SQL 语言的另一大好处是它相当容易学习。此外，包括 Microsoft Access 数据库管理系统在内的程序包，还允许你通过拖放你想要在报告里面出现的字段来实现可视化编程。

我们之所以提到 SQL 语言这么多的好处，原因在于许多管理者一想到要学习一门编程语言，心中都不免畏惧。其实，并不需要将 SQL 看作一套程序语言，只需将其看作一系列的指令即可。

我们发现，那些从前只知道用 Excel 分析数据而不知道数据库（或从来没有使用数据库管理系统）的商务经理，在发现 SQL 的强大功能之后，工作效率得到了极大的提升。也就是，他们能够以 Excel 软件无法企及的方式快速地制作报表，并分析庞大的数据集。事实上，其中一种让你快速地接触 SQL 语言的方式是，将你庞大的 Excel 文件夹导入到数据库管理系统的表格中去，然后开始使用 SQL。你甚至不需要担心如何将数据规范化。（但当你想要载入多个表格同时将它们联系起来时，你就要担心如何将数据规范化了。）

随着数据的爆炸式增长，一种重要趋势是对于组织中越来越多的人员

来说，获得可利用的数据更为容易，如此一来，他们能更好地完成自己的工作，创建他们所需要的报表，并且利用数据进行专门分析来回答他们所询问的问题。当你这样做时，你就是让更多人领略到了 SQL 语言的强大力量。对于使用 Microsoft Access 数据库管理系统的使用者来说，他们可能不知道自己正在编写 SQL 语言做专门分析，但这只是他们没有意识到而已。通常，当人们谈起对商业有了新发现时，他们所谈及的正是一种通过制作专业报表来回答具体问题的能力。这些问题可能事先并不为人所知道，所以报表必须要有灵活性。除了灵活之外，人们也谈到报表使用应具有便捷性，也就是，有商业问题的人能够自行创建报表。

所有这一切都表明，描述性数据分析可以较为深入地在组织中进行应用。例如，如果有人认为某一种类型的消费者订购的是某种特殊的商品组合项目，那么他一查便可知道。在第 1 章“什么是管理数据分析”中所提到的“朋友圈”这个实例里，公司执行总裁最有可能用到的方法是通过使用 SQL 来观察数据，最终发现那些最频繁使用网站的是妈妈这个群体。正是这个新的洞察力使得“朋友圈”更名为“妈妈圈”。

那么，SQL 语言是什么样的呢？

你只需要在网上搜索“SQL 基本命令”，就会出现许多网站来帮助你开始认识这个语言。SQL 命令告诉你如何创建表格、删除表格、添加记录、删除记录，等等。但是，作为一位对描述性数据分析感兴趣的管理者，“SELECT（选择）”这个命令项应该是你最有兴趣了解的。

“SELECT（选择）”命令能让你将数个字段从一个表格或多个表格中抽取出来（与之共同操作的是“FROM（来自）”这个命令项，规定要抽取字段的表格。）。然后，你可以添加其他的命令来缩小你的查询范围。你也可以通过使用“WHERE（哪里）”这个命令来创建过滤器（例如显示佛罗里达州出现在“WHERE”的数据，或者是显示销售额大于 100 套的数据在“WHERE”。）。

你可以利用“GROUP BY（分组依据）”命令来将所有具有相同值的记录一起放在一个字段里面。例如，你可以使用这个命令来创建报表，借助于顾客的州或邮编对所有顾客加以分组。你也可利用“GROUP BY”命令的功能，在同一个报表中包含多个字段。例如，如果你根据顾客所在的州及性别，将全部顾客分组，那么你就拥有佛罗里达州的男性消费者及佛罗里达州的女性消费者的全部数据。而如果你的分组是按照所在州、性别和年龄来划分的，那么你就拥有来自佛罗里达州各个年龄段的全部女性顾客的数据。

当你使用“GROUP BY”命令时，就会希望运用一些标准的数学函数，如SUM、AVERAGE、COUNT、MIN、MAX等来研究某种特性，比如计算所有佛罗里达州的女性顾客购买额的总值，或计算特殊顾客的人数，或计算他们的平均购买额。

数据库的强大之处一部分在于它能将位于不同表格内的数据制成报告。当利用SQL下达联系各个表格的命令后，你可以轻松地使用我们前面所讨论的命令来处理多个不同表格。虽然关于规定表格之间联系的具体细节会涉及一些技术性知识，但是其原则和我们在创建关系数据库时所谈到的是完全一致的。Microsoft Access数据库管理系统允许用户将多个表格置于工作区内，并能将不同表格内的主键和外键用线条连接起来，使得整个制作过程非常清楚。在SQL语言中，“JOIN（加入）”命令就能做到这一点。“JOIN”命令下有各种不同的操作，进而可以创建不同的规则。

在一个较为分散的系统里，将相关的表格连接起来应该是技术团队负责的工作。但是，管理者应该对此有所了解。当你在自行制作报表时，可能就需要连接表格；同时你要认识到，如果你的连接方法不正确，那么就可能犯重复计算或忽略数据等错误。此外，我们还会发现，有些帮助你创建清楚图表的工具，可能需要通过连接表格来准确地创建你所想要的表格。你了解这方面的内容越多（你也能很快地学会基础操作），你就能更好地进行描述性数据分析。

虽然这一节的内容涉及一些技术性知识，但你应该认识到，你能够让更多的商业用户位于数据库顶端并且不必了解SQL语言就能领略SQL语言强大的功能。Microsoft Access数据库管理系统能够使你轻松地将位于不同表格内的数据联系起来，帮助使用者以多种方式来筛选、过滤及浏览数据。SQL语言具有这种探索数据的能力，但使用者只需与这种简单的形式打交道而无需了解这种语言。给予人们这些形式来处理数据是描述性数据分析强大功能的其中一个表现。

### 5.1.4 什么是NO-SQL

有关大数据的技术问题如此热门的原因在于：有些数据集过于庞大，并且是非结构化的，而我们目前所谈到的传统的关系数据库无法对其兼容。例如，Facebook无法用传统的关系数据库来管理其全部数据。利用传统的关系数据库，Facebook网站不可能使所有上传的照片、点赞情况以及评论保持同步，更不可能利用传统的关系数据库将这些及时地进行推送。

对于诸如 Facebook、亚马逊、谷歌、推特网来说，它们需要另外一种解决方法。同时一种非传统的数据库结构正在演变发展，其流行起来的原因在于谷歌。谷歌并没有对细节问题刨根究底，它需要的是一种能给网页上出现的所有东西编索引，并可快速检索信息的方法，其中运用到了 MapReduce。其基本思想是：MapReduce 使得谷歌能够在多个计算机上同步处理一项工作。诸如 Hadoop 这种开源系统结合了 MapReduce 以及其他技术，使得公司能够对庞杂的、非结构化数据集进行同步储存和处理。Hadoop 只是众多此类系统中的一种。

NO-SQL 这个术语描述的正是这些系统。其术语含义意指“不仅” SQL，而非“不是” SQL。说 SQL “已经过时”、“不再为人们所需要”这些早先的流言蜚语是没有根据的。SQL 和关系数据库的功能是非常强大的，甚至是非常庞大的数据集都能用到这种人们信赖的技术。因此，你千万不要听信别人的话，认为 SQL 和关系数据库已经过时了。它们仍然是进行描述性数据分析所要用到的工具库中的一种工具。

与 SQL 不同的是，对于 NO-SQL 目前并没有确定的标准。每一种产品使用不同的语言和不同的方法来组织数据。然而，NO-SQL 数据库的基本理念是，数据并非储存在表格里面，而是储存在一个带有多个标签的简单文件中（可以认为是一个页面）。这份文件并不需要是结构化的并且不需要提前加以定义。例如，在关系数据库中，你需要在病人文件中事先对性别的字段进行定义，而在 NO-SQL 数据库中，你只需在事后直接添加标签即可。

NO-SQL 数据库也是分布的。这意味着每个文件都能存在于不同的服务器中。当你对其中一个文件形式进行修改时，其他服务器中的文件最终也能获得修改、更新。

举一个简单例子，Facebook 网在其世界各地的每一个服务器中都储存了一份关于你的文档。当你在 Facebook 主页上改动信息时，Facebook 首先对你登录的服务器中的文件进行更新（根据你所在之处 Facebook 为你指定的服务器）。然后，这个 Facebook 服务器将信息传达给系统中的其他服务器来更新你的文件。但是，所有这一切并非瞬间发生。例如，当你身处美国改动信息时，同一时刻你在印度的朋友访问你的 Facebook 留言板，很有可能她是看不到你的改动的，因为在印度的服务器尚未更新你的文档。

这个例子同时指出了关于 NO-SQL 的几点有趣之处。首先，所有的数据并非瞬间同步。这对于 Facebook 来说关系不大，因为你的信息并非一定要瞬间更新。对比你的银行系统来说，可就不一样了。如果你从你的账户中提取200美元，那么世界上其他地方的银行应该瞬间就知道这个信息。延迟是不允许发生的。假如有信息延迟，你可以想象到诈骗行为、违反银行规定的事件就会层出不穷。NO-SQL使你能同步进行大量的交易。由于文件被复制，可以对不同服务器中的文件进行分析和处理，同时，这也提供了许多冗余的数据。当一个服务器出现故障时，可以从许多其他的服务器中获取正确的信息，然后尽快修复服务器（甚至可能不会引起用户的注意）。

这种同步储存性能对进行查询也行之有效。如有可能，查询可被解析成许多不同的较小步骤，进而传送给多个机器。这些较小步骤所产生的结果可以在最后进行总结。有趣的是，这些较小步骤是分布的，中央处理器对它们进行记录；如果其中一个机器没有传回结果，那么对应的步骤就会重新进行传送。这种做法在处理过程中也提供了冗余的数据，能够使人们快速地处理多个大型工作。并不是所有的查询需要用到并行处理，但是那些需要用到的查询不妨采用这种技术。

NO-SQL数据库可以处理庞大的、非结构化的数据集。但是这也意味着你要放弃SQL语言的一些优点，如“GROUP BY”、“JOINS”等命令以及能与其他支持SQL的集成系统。

作为一位管理者，对NO-SQL有所了解是有好处的。然而，对于绝大多数管理者来说，在大多数情况下，使用SQL的关系数据库是储存和分析数据的正确途径。NO-SQL则更适用于处理更为庞大的数据集。如果你的数据集过于庞大，那么你就需要一位NO-SQL专家来帮助你处理。

### 5.1.5 结构化数据与非结构化数据

对于数据分析的各种类型方法来说，也就是描述性数据分析、规范性数据分析、预测性数据分析，你应该认识到哪些基础数据是结构化的（例如，以预先定义的格式列出的一串标准数字，比如关系数据库中记录的数据），哪些是非结构化的（例如，一连串社交媒体上的动态、视频信息、医学期刊集）。

管理者最有可能处理的是结构化的数据，并且大部分数据分析技术需要使用结构化数据。比如，如果只是想要通过使用SQL来探索数据，那么这些数据就必须是结构化的。如果想要运行一些基本统计方法或者机器学习算法，也需要使用结构化数据。诸如此类的例子还有很多。事实上，数据分析使用的大多数算法都要求数据是结构化数据。

然而，绝大多数的新数据是非结构化的，例如视频、图片以及各种社交媒体的动态。非结构化数据的数量远远超过结构化数据的数量，而且数据分析领域有些令人激动的工作都是对非结构化的数据进行处理。

例如，由 IBM 公司设计的参加 Jeopardy！智力节目的沃森计算机就是用来分析非结构化数据的，如医学期刊集以及病人的历史记录。在罗睿兰（Ginni Rometty）成为 IBM 公司的首席执行官之际，她在美国西北大学为 IBM 创建 100 周年发表了讲话。她提到，沃森计算机标志着计算机技术崭新的突破。她接着又说，这项技术代表计算机技术的第三大时代的到来。第一大时代持续到 1960 年，此时计算机基本就是大型的计算机器。我们现在正处于第二大时代，这是计算机编程时代。当然，在这个时代中，我们看到了计算机是如何的强大，并且可以设计出许多非常出色的程序——你只需想一想你在个人计算机、平板或手机上所接触到的各种程序。第三大时代正在开始阶段，这是一个认知的时代。在此时代中，正如沃森一样，计算机能够对梳理非结构数据，提出假设，确定最佳答案以及从错误中学习。沃森运行的是非常精密的机器学习算法。它从 Jeopardy！智力节目中开始为人所知，但很快地就被应用到了医疗保健领域，IBM 认为它能帮助医生更好地诊断、治疗病人。

时间将会告诉我们，这些新技术是否真正地代表着一个新时代。但毋庸置疑的是，此类分析方法位于科学前沿，可能为我们带来许多新的发现以及变革。

此外，非结构化数据分析也多用于有关视频分析的处理工作。例如，人们需要分析来自监控犯罪或自动化生产的拍摄视频。或者，如果研究人员想要更好地了解消费者，他可能就要分析所有上传到 YouTube 上面的视频。视频属于非结构化数据，可以快速地产生庞大的数据集。

但是不要忘记的一点是，许多研究人员处理非结构化数据的目的在于，通过构思出一种将这些数据巧妙地结构化的方法来分析它们。对此，传统的关系数据库是行不通的。但是人们将来会取得巧妙的新突破，创建出一种在处理全新的非结构数据方面具有强大功能的结构。

一旦将所有这方面的因素考虑在内，人们会构思出一些方法来分析非结构化数据，并创造“认知”机器，这只是数据分析的一部分内容。作为数据分析的这部分内容引起了媒体的关注，大量的非结构化数据淹没了结构化数据，这种说法或许是正确的，但是最终，对大多数管理者来说，应用于处理结构化数据的数据分析知识仍然是非常重要的。

换一种说法来讲，数据分析某一方面的内容引起了研究人员广泛的关注，这并不意味着在其他领域就会变得不那么重要。事实上，我们大胆地猜测，本书的大部分读者将要接触到的是利用结构化数据的数据分析。

### 5.1.6 数据仓库与数据集市

我们前面曾经讨论了规范化关系数据库以及数据建模的重要性。因此，如果你正在管理一个涉及数据的项目，你现在应该理解什么需要考虑建立数据模型，这就涉及创建关系数据库。

此外，你已经知道，SQL 是帮助你创建报表以及在数据库内探索数据的工具。如果目前将数据是保存在 Excel 内，那么就需要将数据导入到 Microsoft Access 中，然后开始使用 SQL。

在上述一些基本知识的基础上，我们接下来将讨论，较大的公司和组织是如何让员工具备针对已有数据实施描述性数据分析的能力。公司员工运用 BI 系统（商业智能系统）以及数据集市来对数据库进行分析。

大型公司和组织为什么需要除了操作 SQL 能力之外的技术来处理数据呢？而且，他们的数据不是早就储存于关系数据库中吗？

存在一个明显的矛盾之处令管理者抓狂：大多数公司在很久之前（几十年前）已将操作计算机化，拥有多个擅长数据建模的团队，同时已经搜集了大量的数据。可是，通常对于管理者和员工来说，想要获取数据并进行分析是很困难的（由于技术原因），甚至是不可能的。

但是，一旦认识到这些系统建设起来的目的，就不会充满困惑了。这些在计算机上安装的系统是被用于公司的运营，而并非用于实施描述性数据分析。也就是，这些系统是被用来记录库存、销售额、向供货商支付款项、管理员工以及记录账单来汇报盈利并支付税额等。例如，预订飞机票时，就会和航空公司的预订系统打交道；在百货商店买东西时，会和商店的销售系统打交道，并且可能涉及库存系统。这些系统可以称为交易系统（它们记录了公司的日常交易情况）。

显而易见，这些交易系统搜集了许多数据，对于描述性数据分析有着极大的价值。还有一点非常明显，负责管理交易系统的团队自然不希望有其他人直接进入系统来进行描述性数据分析。这不是系统建立的目的所在，他们不希望你不小心破坏了数据（比如删除了某位乘客的航班信息），也不希望你在系统内进行查询，因为会降低系统运行的速度。如果正是由于你分析数据而导致顾客无法进行预订，那么你就碰上大麻烦了。

这正是创建 BI 系统的原因所在。这也是为什么你会听到数据仓库以及数据集市这些术语的原因所在。其基本思想是，不干涉那些执行公司运营的系统。没人会怀疑这些系统内的数据是极富价值的事实，因此，数据会定期从这些系统内调取出来，并储存到其他地方，比如数据仓库或数据集市（较小版本的数据仓库）。然后，管理者可以在那里创建报表，或者进行描述性数据分析。

我们强调使用数据仓库能够获取交易系统里面的数据，然而这个过程远非如此简单。如果你被授权直接获取数据，你会发现要进行描述性数据分析依旧是困难重重。首先，由于这些系统并非为进行描述性数据分析而创建的，因此要对这些数据进行分析可能会很困难（例如，针对不同的目的，利用顾客 ID 字段的方法也多种多样），数据可能未被保存（比如，三个星期之前的航班信息可能已被删除），或者你可能找不到你所要的数据（比如，有关已购买产品的信息可能记录在各种不同的系统当中）。

数据仓库要做的另一个重要工作是将数据格式化，以便于进行分析。这个过程包括了许多步骤，通常需要创建一个全新的数据模型，以此创建一个准确的关系模型。例如，由于在交易系统中，当数据被改动时有些数据就从系统中被删除了，而新的数据模型可能不得不添加字段，使你能够对数据进行时间标记。这通常需要你在组织中调取来自其他来源的数据。也就是，你的数据仓库可能需要从销售系统、库存系统、会计系统以及网上系统中获取数据。通常，这意味着需要对格式不同而内容相同的数据进行整理。例如，如果你所在的组织是一家国际化公司，当你调取来自不同国家的数据时，你可能需要将日期、资金的数据转化成统一的格式。你需要特别留心那些简单的描述性字段，不同的语言会导致差异的存在。即使公司并非是国际化的，同样的产品在不同系统中可能也会有不同的 ID，需要将它们整合起来以便理解。此外，不同系统储存数据的范围也不尽相同。例如，如果一个系统描述的顾客年龄在 25 ~ 35 岁之间，而另一个系统描述的顾客是在 20 ~ 30 岁之间，那么要在数据仓库里面想出一个合适的范围将数据包含就有难度了。

因此，创建数据仓库绝非易事。我们有必要对创建数据仓库的一些核心概念进行讨论。

比尔·恩门被视为数据仓库应用方面的领军人物。他对数据仓库的定义包含如下四个部分：

- 面向主题——数据的储存是基于主题的（比如销售额、产品或捐赠额）。获取这些数据的各个交易系统可能不是按照这种方式组织数据的。因此，这一点让我们知道了这样基本知识，即不要简单地复制交易系统中的数据。

- 集成性——数据仓库是从各种不同的交易系统中获取数据。正如前面所讨论的，交易系统之间可能不是以一种自然的方式相互联系的。应用集成方法，可以让组织中不同的部分连接起来，并加以分析。

- 非易失性——数据是无法从数据仓库中删除的。交易系统可能会将数据删除，但是数据仓库建立的目的就在于保存数据。比如，假如想要摸清发展趋势，可能想要看看去年、前年的数据，并观察是否之前就出现相同的趋势。如果出现了，那么或许是一种在来年可以运用的规则。
- 时变性——在数据仓库中，数据有时间标记。而在交易系统中，数据可能并未标记时间，一旦数据更新，旧的数据就会删除。数据仓库旨在通过使用时间标记能够“重建”过去。在进行分析时，这一点通常是至关重要的，因为当某些事件发生时，总是想要知道当时的公司状态，以及事件发生后公司有哪些改变。

从前面的讨论和定义中可以看出创建数据仓库需要耗费不少时间，因此，创建并运行一个功能完备的 BI 系统需要投入很多时间。

同样，我们也看到了设计数据仓库的必要性。设计数据仓库的同时，也在决定数据仓库中应该包含哪些数据，以及这些数据是如何与其他数据相互关联。和其他所有的工程设计一样，必须要做出取舍。在总成本、灵活度和耗费时间上，管理者需要小心衡量。一旦做出设计决定，就会潜在地抹杀创建某些类型的报表，或者进行某些描述性数据分析类型能力的可能性。因此，设计是极为重要的。

设计数据仓库有两大通则，这是从顶层描述的，因此你可以从起点出发来理解问题。但是每一种方法都有许多细微差别之处，假如你是这样一个项目的成员之一，这些差异地方就需要你来认识理解。

比尔·恩门倡导一种自上而下的方法。这种方法的基本理念是，组织要设计出一个包含所有数据的中心数据仓库，它试图将所有组织内的数据整合到一个地方。因而，如果各个不同部门需要建立一个较小的数据集市，以便分析公司的各部门情况，那么这个数据集市就可以从数据仓库中抽取出来。

在早期数据仓库领域中，拉尔夫·金博尔（Ralph Kimball）和比尔·恩门是齐名的。拉尔夫·金博尔提倡的是自下而上的方法。在他的方法中，每个团队或者部门开发出各自的数据集市，然后将它们联系在一起组成数据仓库。所以，这种方法并不需要设计一个整体数据仓库，只需要将各个数据集市整合在一起。

当然，对于“哪一种方法是正确的”这个问题，并不存在一个准确的答案。两种方法各有优劣。自上而下的方法能确保设计的综合性，但是耗费时间长且不够灵活；而自下而上的方式则虽然速度较快，但是有可能漏掉重要的数据，或者无法及时剔除冗余的数据。可以肯定的是，这两种方法都在尽可能地克服自身的缺点。

一旦创建并运行数据仓库，就有了运行描述性数据分析的平台。有了数据仓库，SQL 语言的潜力将得到充分的发挥，因为这可以使组织内许多人获取数据仓库中的数据，从而让他们释疑解惑，自行发现一些重要的发展趋势。

数据仓库也是 BI 系统的基础。但是，如果 BI 系统仅仅是一个数据仓库，那么这个系统也就不会以现在名称流行起来。只要数据仓库得以合理利用，能做的还有许许多多，这就是为什么我们称此为商业智能的原因。

### 5.1.7　仪表盘和平衡计分卡：实用的及时报告

有了一个运行良好的数据仓库后，就能创建人人都能使用的标准报表，进而监督人们的业务活动。也就是说，当交易数据以某种统一格式整合起来，能非常方便地创建 SQL 查询时，我们就能创建标准的报表，帮助组织内的人员做出更好的决策。

日前数据仓库能生成两种特殊的标准报表——仪表盘和平衡计分卡，这两种报表已经成为完整商业智能体系（优于数据仓库）的一个组成部分。

在数据仓库和商业智能系统出现以前，人们及时获得信息是具有难度的。报表要每周或者每个月才制作一次，为的是尽可能减少对交易系统的干预，同时也是因为将各种不同来源的数据编集起来需要耗费不少的努力。

描述性数据分析的一项重要应用在于，它能为人们提供快速了解公司各项业务的视图。这些类型的视图或报表称为仪表盘（dashboards）。这个称谓参照了飞行员开飞机时所需要观察的内容（包括所有重要的参数以及控制装置），并起到相同的作用。通过查看仪表盘，你可以一眼就明白哪些领域运营良好，哪些地方存在不足，仪表盘中常用绿色、黄色、红色颜色来显示各种潜在的问题。

使用仪表盘并非一个全新的想法。但是，当人们将它与一个功能完善的商业智能系统结合在一起时，描述性数据分析就成为可能。可以在组织内部深入推广仪表盘的使用，上自执行总裁，下自销售团队、生产团队、区域经理等都可以拥有各自的仪表盘。

网上交易业务是使用仪表盘的领域之一。公司可以通过使用仪表盘来观察有多少人访问了网站，他们浏览了哪些页面以及购买了什么商品。只需快速一瞥，就能了解公司的所有业务情况，看看去年、上个月或者昨天的业务。这种类型的仪表盘帮助管理者对商业活动进行描述性数据分析，探寻趋势并获得发现。谷歌通过其“谷歌数据分析”产品，使这种方式很快地为大众所接受。如果你有一个网站（或者只是一个简单的博客），你就可以安装“谷歌数据分析”，然后你就会看到这个网站的仪表盘。

仪表盘并非一定是固定的报表。一个满意的仪表盘报表允许用户过滤、排序整理数据，并用许多不同的方式呈现数据。

仪表盘是功能十分强大的管理工具，能让我们更好地了解商业活动情况，并做出相应的反应。然而，如果只注意仪表盘中所展示的内容项目，那么最好确保所有的关键指标都包括在其中。

这个问题促使人们产生了使用记分表或者平衡计分卡的想法，来弥补仪表盘的不足之处。计分卡记录了管理者将要用以判断决策的信息。其理念是，由于某些指标对整个公司业务的健康运行起着关键的作用，因此需要对这些指标项目进行跟踪记录，并以此为参照来衡量工作绩效。

举例来说，一家网上零售店的销售经理可能就有一个计分卡，其中记录了购买产品的访客占总人数的百分比，以及每笔交易的平均销售价格。这位经理希望设计出这样的网站，即要使浏览网站的访问者尽可能购买产品，当他们购买产品时，要使他们尽可能多多消费。市场营销经理的计分卡可能包括浏览网站的总人数，他需要负责使尽可能多的人访问网站。而CEO的计分卡可能包括了收入和利润的相关内容。

“平衡”作为计分卡的一部分也是十分重要的，它提示着计分卡中包括关键问题取舍的两面性情况。比如，收入是重要的，但是如果你只记录收入，你可能就无法把握边际利润或销售成本情况。令人满意的平衡计分卡能确保你在没有人为地损害另一项衡量内容条件下做出某一项问题合理的决定。

其理念是，仪表盘的使用能帮助你控制公司业务活动、做出决策。而且，仪表盘会指导你做出有助于提高计分卡上各项指标的决策。假使你用正确的方式创建了计分卡，那么通过这种方法，你就能做出使公司更健康发展的决策。

为甄别计分卡和仪表盘，让我们再次回到网上零售店销售经理的案例上。她的记分卡上可能包含购买产品的访客占网站访问总人数的百分比，以及每笔交易的收入。而她的仪表盘可能包含更多的信息。例如，某位网站访客浏览的网页数量、哪些网页的浏览记录最高、访客浏览网站的时长。这些测量并不包括在计分卡中，因为即使销售经理能够巧妙地提高访客浏览的网页数量，也不一定就意味着销售额会随之增加。然而，它们包括在仪表盘内，因为她知道浏览网页的数量会影响销售额。因此，她在仪表盘中记录了这些情况，并对网页的内容和设计做出细微的调整来对这个测量结果施加影响，借以提高计分卡上的测量指标。

人们对计分卡和仪表盘的不满之处在于，这两种工具只告诉你公司运营具体情况，而不会提供应如何指导公司运营的具体措施。例如，这些工具会告知你，5%的访客为你的销售额做出了贡献，但是你怎样知道多少比率是令人满意的呢？这时就需要基准测试的帮助。你可以从不同途径获知基准数据，一种最普通的做法是和同行公司进行交流，或者用行业数据来确定其他公司（通常是最顶尖的公司）在关键测量上的是如何做的。由此，这些数字就成为公司绩效的基准数据。因此，如果行业领导者能使10%的访客成为其实际消费者，而你们公司有5%访客成为其实际消费者，这就似乎有所不足。但是如果行业领导者有2%的访客成为其实际消费者，那么这表明你们公司经营得非常出色。

有时候，想要从其他公司获取相关的基准数据极为困难，这些信息可能是保密的，也有可能是公司经营的具体细节并不能互相吻合。在这些情况下，开发内部的基准测试就显得非常重要。一种最简单的做法是与相似单元的情况进行比较。例如，你可以与不同的零售商比较每平方英尺的销售额。

### 5.1.8　运用 OLAP 和数据立方体拓展描述性数据分析

在这一章中，我们已经讨论创建标准报表、仪表盘以及计分卡的价值所在。当你设计报表时，通过使用不同的数据过滤方式、不同的视图呈现甚至选择不同时间范围，使报表发挥更大的作用。这些各式各样类型的报表是商业智能系统的重要组成部分。

当有了数据仓库后，能创建不计其数的报表。这就解释了为什么员工获取数据仓库中数据的权限后，他们就能利用数据仓库自行探索数据，获取新问题的答案并得到新的发现。

很快，数据仓库里会有众多的数据，这意味着执行某些查询会耗费不少的时间（数个小时或好几天）。此外，这也意味着，一个普通的公司用户可能会对这些手头可利用的数据感到茫然无措。数据集市部分地解决了这个问题，因为它能使某个小组访问那些刚好与他们有关的数据。可是，数据集市同样包含了大量的数据。例如，考虑有关销售额的数据集市中的全部销售数据：它可能包含过去五年来的销售数据。这依然是一个十分巨大的数据库。

另外，组织内不同的人员需要能利用各种不同数据集来做各自专业的分析。有些人需要考察原始数据，而另一些人则需要研究汇合数据。源自商业智能界的解决方法是创建数据立方体以及在线分析处理（OLAP，又称联机分析处理）。这两个术语听起来非常技术化，但其重要的理念是组织中的许多人员或者大部分人员无需访问数据仓库里的每一部分，他们所要做的是对数据仓库中的数据进行高层次的概括总结。也就是说，大多数人员不需要了解数据仓库中的所有细节，但是需要快速地获取信息。其中一种解决方法是设计一个普通的数据集，该数据集正是人们想要分析的。因此，从某种意义上讲，这非常像是设计数据仓库。但是，你可以依据关键维度与怎样概括数据来定义数据。

为便于理解，我们将结合例子来讲解。假设你在一家零售商店工作，旗下有许多分店，你想要对这些分店的销售额进行分析。你手头有一个巨大的数据仓库，包括每笔销售交易、一起卖出的产品情况，每笔销售操作的时间和现金收入的记录。对于大多数分析情况来说，这些信息真的过于庞杂。因此，你需要定义针对每一家分店的、针对每一周中以及关于每一种产品的数据集。从这些维度上来考察，你想要知道的是总交易额以及总销售额。这个新的数据集就是数据立方体（data cube）（所以，我们就有了包含大多数数据的数据仓库，包含部分数据的数据集，还有包含更少量数据的数据立方体。）。为了创建这个数据立方体，你需要在数据仓库内进行查询，并确定销售总额，还有以各分店、产品及每周为维度的交易总额。一旦得以确定，数据将储存于计算机中，这就是在线分析处理中“在线”（又称联机）含义的体现，人们可以快速地获取这些数据。

现在，你可以快速地对数据进行专业分析：哪些产品在哪些店里销售，哪些产品可能体现了季节性趋势，等等。然而，在这个过程中，你会遗漏某些细节。在本案例中，你无法确定周六的销售额，你也无法知道，在同一购物车中哪些产品被顾客一起购买。这导致了我们为什么称之为立方体。根据先前的案例，当我们制定三个维度时，分店、产品以及每周，这三个轴线组成了三维立方体。不难想象，这个较大的立方体由许多小立方体组合而成，而每一个小立方体代表了每一个商店、产品以及每周的特殊组合。此外，在这个立方体内，你储存的是总销售额及总交易数量的信息。也就是，在立方体内，你汇总了许多数据。你可能有成千上万的交易记录，形成了两种你所保存的信息，正是这一点加快了数据立方体的运行速度。并且，如果你能正确地创建数据立方体，你就会在某一个层面上获得合适的信息，这依然允许使用者做专业分析，而不必与整个数据仓库纠缠。

我们讲了存储数据与检索数据的各式各样的方法。但是，要用一种统一方式来描述组织复杂的情况是十分困难的。根据实际需要，商业智能系统中会添加其他的功能。不同的人员需要从不同的层面来观察数据。例如，CEO 需要看一组能覆盖整个商业运营的概括性数据。这就要查看那种能代表制造厂的绩效的数据。制造厂经理需要的是另一组数据集，此数据集只包含了有关工厂的详细信息而不涉及其他信息。欧洲地区的销售经理则需要从另一个角度来观察数据。所有上面提及的数据都来自数据仓库，但是不同的人员并不需要和整个数据仓库打交道，因此，从这个意义上讲，在线分析处理确是一个有效的解决方法。

此外，如果没有在线分析处理，许多非专业的人员就会无法进行专业分析，倘若让他们来访问数据仓库，所产生的问题会远远多于得到的解决方法。可见，在线分析处理使更多的人员能进行专业分析，这不失为一种令人满意的解决方法。

### 5.1.9　何时打破关系数据库的规则

我们已经谈到如何创建合理的关系数据库，或许在此谈一谈你应该何时打破其规则以及为什么要打破其规则也是有必要的。如我们前面所讲，关系数据库其中一个关键规则是将数据规范化。

当你在关系数据库内运行查询时，你常常需要将信息从不同表格中调取出来，并将这些表格一起联系起来。这些联系的在 SQL 语言中的术语是“连接”。对于大型数据集来说，这些“连接”会减慢处理速度，经常需要耗费数分钟甚至数个小时的时间。对于数据使用者来说，这样的速度未免太慢了。

我们在前面部分讲到的在线分析处理以及立方体技术是为绕过大型数据集、避免在查询时运行许多“连接”而开发的。数据立方体的数据储存方法是根据维度来处理的（而不是根据关系）。数据储存在具有多个维度的立方体中。

虽然某些情况下，在线分析处理技术能够加速进程，但是有时你需要的是对全部数据进行快速分析。在这种情况下，需要用到的是一种令人倍感惊讶的方法——利用全部的数据建立一个非常规表格。人们有时称这种表格为平面表（与立方体和关系数据库形成对比）。通常情况下，在一个平面的庞大表格中，运行查询的速度是非常快的。例如，当你和某位顾客正在通话，而你需要对这位顾客的信息进行查询时，你就需要用到上述方法。

除速度之外，还有其他使用平面表的理由。当需要将数据转换成算法时，平面表也能帮上忙，因为算法不一定能够理解特定的关系数据库中的数据，但是能够将单个表格看成是数据输入。在创建报表时，它有时还能帮助设计非规范化的表格或者平面表格。人人都喜欢看到不同形式和不同布局的报表，这就需要人们打破关系数据库的规则来创建相关报表。因此，作为一位管理人员，当你设计报表布局时，你需要记住所需的编程，使你得到所需的布局。你可能需要做出取舍：是选择采用格式一般、容易生成的报表，还是格式优良、制作困难的报表。可见，犯难的并不只有报表设计者。

### 5.1.10　实时数据与自动预警

随着各个公司和组织开始看到及时的报表和先进的仪表盘所具备的价值，他们对实时数据的渴求也不断增长。他们看到了年度报表升级为每日报表或者时时更新的仪表盘带来的巨大的好处，因此为何不更进一步，实时地获取更多的信息呢？

仪表盘具有重要的价值，它同我们正在看到的实时数据的巨幅增长密不可分。现在我们的仪器上配备了更多的传感器，每秒（或者更频繁）都能传送数据。我们甚至运用视频来监督部分商业或者监控工厂（超过了传统的仅限于保障安全的使用目的）。这种数据常常被称为数据流——数据不断流动、数目庞大。与传统数据相比，传统数据以交易数据的方式进入组织内，可以是一笔销售额或者赠款、一位新的病人、一批从供应商新到的货等。

数据流常常要用不同的技术进行处理，并且从商业角度来看，也要对此区别对待。有时，你甚至不确定是否要储存全部此类数据。这些数据可能只是当下有效，一旦过了某个时期，就不再为人需要了。你也可能需要使用不同的技术方法来处理这些数据。如果这些数据像流水一样涌入，而你又需要快速采取措施，那么你就可能没有时间将数据储存在传统关系库中并加以分析。你需要做的可能就是实时地分析数据。

举例来讲，通过使用实时数据，你可以创建一些算法来监控数据，发送问题提醒，或者在某些条件满足的情况下，触发操作。很显然，它是十分强大的。有了仪表盘，人们必须要观察数据，进而决定如何操作。现在，如果你能将管理知识或者帮助做出决定的管理规则编程，并使之与实时数据相结合使用，那么就可以实现自动化决策。此外，如果你的算法运行的是预测性分析和规范性分析，这种方法可以帮助你做出更好的决定。

在深入话题之前，我们应该对“实时”进行定义。如果你和某些管理者或者销售商谈论什么是“实时”，他们会将此看作那些能够天天更新或者时时更新获取的数据。在此情况下，他们使用的“实时”这个术语的含义是“比之前更快”。

在此，我们对“实时“的定义是这样的：数据在不到一秒的时间间隔内不断获取增加。从这个层面上来讲，提供数据所需要的成本就大幅增加了。为了处理数据流，你必须要有能够快速处理数据的硬件、软件以及专业人员。当你将数据获取更新的速度由每天升级为每时、每分时，其他方面的成本也会增加。但是，从 IT 角度来看，如果你有多余的时间，你可以分散对硬件的负载，而不需要在软件上采取特别的解决方法。

明确此定义后，对实时数据的热情也因其成本而稍有冷却了。我们从一位在网飞（Netflix）公司就职并面临如此问题的分析专家口中听到过一些讨论。据他所说，公司内想要获取实时数据的商业经理们并不一定想要支付相关的 IT 设施费用。因此，为了帮助他们做出决策，网飞公司的分析专家制定了一项决议：公司愿意考虑提供实时数据，但前提条件是管理团队愿意使用算法就实时获得的数据做出决策。

这是一项有效的决议。管理团队允许使用算法来处理，并就数据做出相应措施的一些领域将是网飞公司认为适合使用实时数据的领域。如果管理团队想要派人先观察数据，然后再做出决定，那么公司将不会向这些领域提供实时数据。毕竟，如果并非及时分析数据并根据数据做出决定，那么实时数据的价值又从何处体现呢？

以上的讨论表明，无论你如何定义“实时”，了解做出决定的频率是十分重要的。如果决定的做出以天来计，那么你只需要那些每天都能获取的数据。你是不会想在 IT 解决方案上多花不该花的钱的。

最后，监控实时数据的问题之一是数据对变化反应太快，对问题的反应却不够迅速。也就是说，如果实时数据提供的数据点表明某个问题的出现，最终这有可能是由于数据读取错误或者只是一个简单的异常点。如果你试图修复这个“问题”，你可能只会使系统更糟，因为并不存在实际的问题。制造部门很久以前使用控制图时就发现了这个问题。控制图是为监控质量问题、提醒管理者制造过程中是否出差错而研发的工具，它为机器或者零件规定了正常的指标。工程图以正常指标为基准设定了上限和下限，如果实际参数在此范围内浮动，那么它是合理的。管理者只需在你看到异常的变动后再采取措施。这些异常的变动与各个情景有关，其数值可能在上限或下限之外（或者不同的数值有些高于上限，有些低于下限），或者许多连续的数值要么低于正常指标，要么高于正常指标。异常的变动表明可能有问题出现而需要你去调查。但是如果你对正常变动采取反应，你就会花费时间在“修复”根本没出差错的问题上。

“二战”时期，布莱克特战争中英国对数据分析知识的运用（参考第3章“数据分析思维方式”）充分体现了上述问题。英国政府在高射炮上安装了雷达系统后，开始记录每晚打落的轰炸机数量。如果德军改变战略而使雷达系统失效，那后果是非常严重的，将会对英国的城市防卫带来沉重的打击，也会强迫英国政府改良系统。总之，书中说道，伦敦上空每晚被击落的轰炸机的数量是5架。有一天晚上，经过激烈的轰炸之后，英军只击落了2架，因此负责战事的将军质疑是否有必要改变战术。分析人员于是向将军解释道，一晚上只击落2架轰炸机属于预计的范围之内。分析人员不想明晚改变战术而降低平均的击落数量，他说最好的做法是观察数据的模式，在有重要的理由促使他们相信原先的战术不再有效的情况下，再做出相应的反应。

## 5.2 运用数据可视化做描述性数据分析

任何一个完善的商业智能系统都具有强大的数据可视化功能。你无法仅仅在表格格式下探索和报告数据。你需要具备将数据图表化的能力，以帮助你理解数据，并与他人分享你的发现。人们寻找的是模式，而这些模式通常无法通过简单地观察表格中的数据来发现。优秀的可视化能使你在更短时间内获取对数据更深的理解。事实上，许多商业智能系统之所以颇受欢迎，就是因为它们能够帮助你将数据可视化。在后台运作的数据仓库使这个系统得以运作，然而真正使这个系统受到欢迎的是其可视化的能力，在这一方面，人们投入的时间也是最多的。

可视化并不是简单的装饰。我们这一部分用来讲解可视化，其原因就在于它是描述性数据分析领域中一个极为重要问题。除商业智能之外，它在许多地方都非常有用。一些有趣的研究表明，只有通过可视化，一些庞大的数据集才能被理解。Ayasdi公司正在利用机器学习、统计学以及拓扑学领域的数学知识，用全新方式来将大型数据集可视化。公司声称，通过使用将数据可视化的方法，他们能够在一个有关癌症病人的大型数据库中获得一些新的启发，虽然这个数据库已有几十年的历史，并且受到广泛的分析。只有借助于可视化方式，才得以揭示其秘密。[5]

Ayasdi公司的案例具有教育意义，它充分展现了可视化的强大功能。公司着重强调了人们在理解可视化数据上的能力。因此，他们花费了很多心血将数据以图表的方式呈现出来。公司是这样解释的：当你看到一个堆满了各种物品且十分杂乱的车库时，你能够很快地在车库中发现篮球。这就是人类视觉能力的强大之处：我们能快递地梳理庞杂的、可视化的数据并找到其模式。

还记得第 1 章中约翰 · 斯诺在 1854 年霍乱爆发时期描绘的地图吗？这也体现了数据可视化的作用。将数据以可视化的方式呈现出来有助于展现真实的情况。因此，究其本质，斯诺的描述性数据分析之所以得以成功，其原因就在于他有效地将数据进行了可视化。这张地图使他能够在较小的空间内传达出更多的信息。

斯诺的地图是十分重要的，但是图 5. 9 表明拿破仑进军俄国的图像更为有名，经常作为引子，来引发人们对可视化的热烈讨论。虽然该地图并不是用英语写就的（你能很快地在网上查找到通俗易懂的翻译版），但是你能够看到，图表表明了拿破仑军队在东征入侵俄国及战败回法国时的军队数量。在图表的最右边，一开始时线条非常粗。当军队到达莫斯科时，线条变得比原先要细一点，而当军队往西回移时，线条变得更细了。当军队返回法国，线条就只剩钢笔的一笔笔划宽度了。此外，艺术家还画出了军队碰到的一些河流，表现了每过一条河军队所遭受的人员损失，这给了我们更多的启发。

我们已经展示并讨论了一些复杂而功能强大的可视化，但是可视化的基础知识也能使你受益。数据可视化的第一步是将你的记录数据表格转化成图表。图 5. 10 展示的是如何将商店销售额列表转化成一个柱状图，使人们更清楚地看到哪家商店拥有较高的销售额以及各商店之间的差异。

举另外一个例子，如图 5. 11 所示，这是刻画两种不同产品在过去三年内随月份变化而形成的简单时间序列销售曲线。当我们将数据展示在同一个图表（此处我们只列一半的数据[6]）上时，我们发现，这两种产品在各个季节的销售额上略有此消彼长之势。

除了使用基本的图表之外（除我们在此强调的之外，还存在许多类型），人们也在使用地图传达信息，这是将信息图表化的有效方式。例如，图 5. 12 地图中的数据和图 5. 10 中柱状图的数据是一样的，但是你却能在此快速地看到更多的数据模式。现在你能看到芝加哥市区的两家商店（A 和 B）是规模最大的。除商店 C 外，郊区内其他商店的销售额均低于芝加哥市区的两家商店。这种方式将数据标明在地图，可以传达更多的信息。

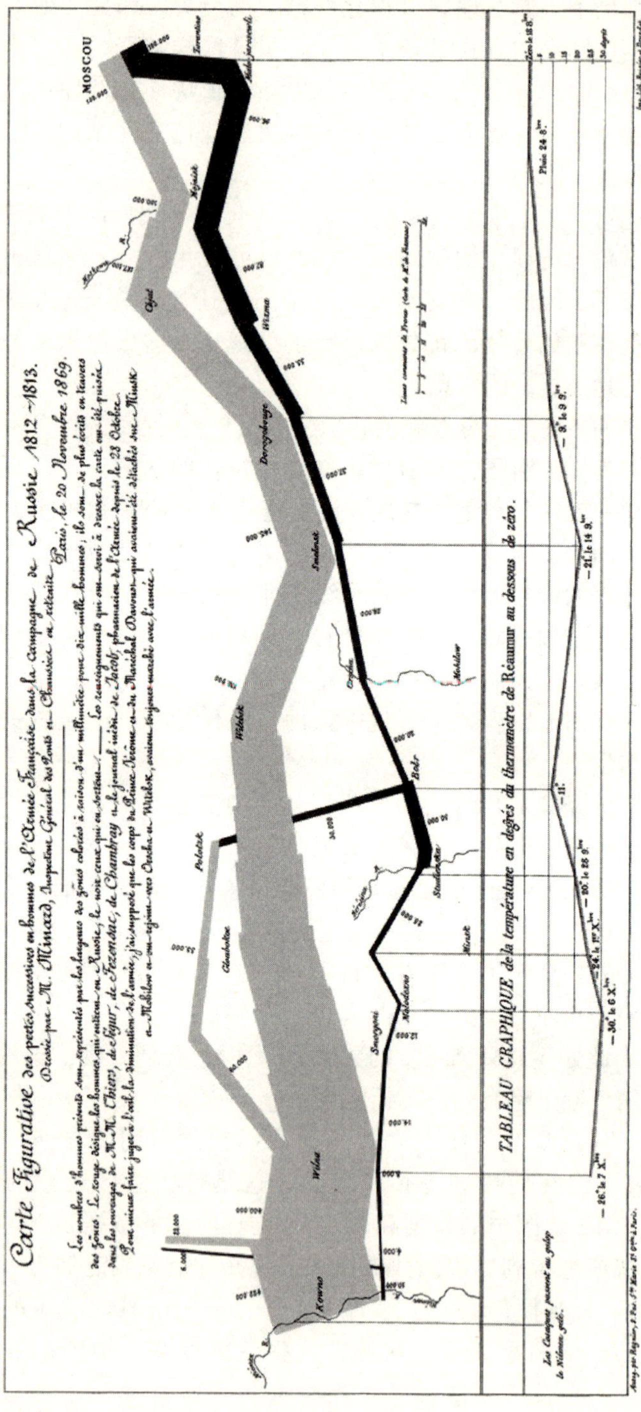


图 5.9 拿破仑 1812 年入侵俄国原图（制作于 1869 年）

| 商店 | 销售额 |
|---|---|
| A | $2 400 |
| B | $2 185 |
| C | $2 075 |
| D | $1 850 |
| E | $1 810 |
| F | $1 560 |

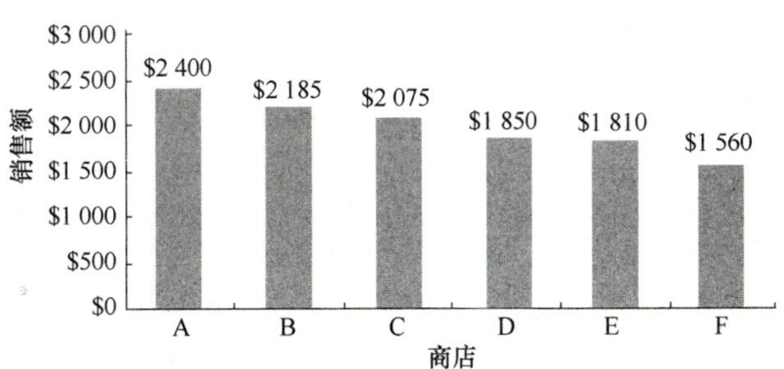


图 5.10　数据表与柱状图的比较

| 月份 | 产品1 | 产品2 |
|---|---|---|
| Jan-10 | 340 | 110 |
| Feb-10 | 370 | 120 |
| Mar-10 | 360 | 140 |
| Apr-10 | 400 | 140 |
| May-10 | 370 | 160 |
| Jun-10 | 420 | 140 |
| Jul-10 | 420 | 140 |
| Aug-10 | 490 | 120 |
| Sep-10 | 390 | 120 |
| Oct-10 | 360 | 110 |
| Nov-10 | 330 | 120 |
| Dec-10 | 350 | 120 |
| Jan-11 | 370 | 100 |
| Feb-11 | 320 | 110 |
| Mar-11 | 370 | 140 |
| Apr-11 | 330 | 140 |
| May-11 | 420 | 160 |
| Jun-11 | 480 | 170 |

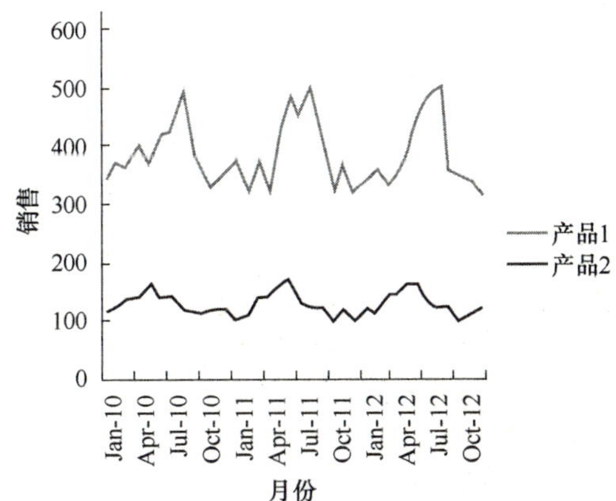


图 5.11　两种产品的销售折线图（产品 2 对应下方折线）

最后，信息图作为可视化一大潮流正在变得流行起来。[7] 你可能在杂志或报纸中看到随文配有信息图。信息图指的是一张图片中利用不同的图表或图像来表达有关某个主题的信息。

从管理的角度来说，令人高兴的消息是，技术已经使得图表、地图的制作更为简单容易。如果将数据在线可视化，那么使图表间动态交互就会变得更为简单方便。在为运行良好的描述性数据分析付诸努力的过程中，可视化技术应该成为你着重践行的一部分。

如果图表创建技术存在任何缺陷的话，那就是技术使得创建图表是为了美观，而非传递信息或见解。虽然漂亮的图表是一种视觉享受，立刻受人好评，但是如果图表无助于描述性数据分析，那么这就是失败的图表。为防止这一问题的发生，管理者需要明白数据可视化的意义及其根本的准则。

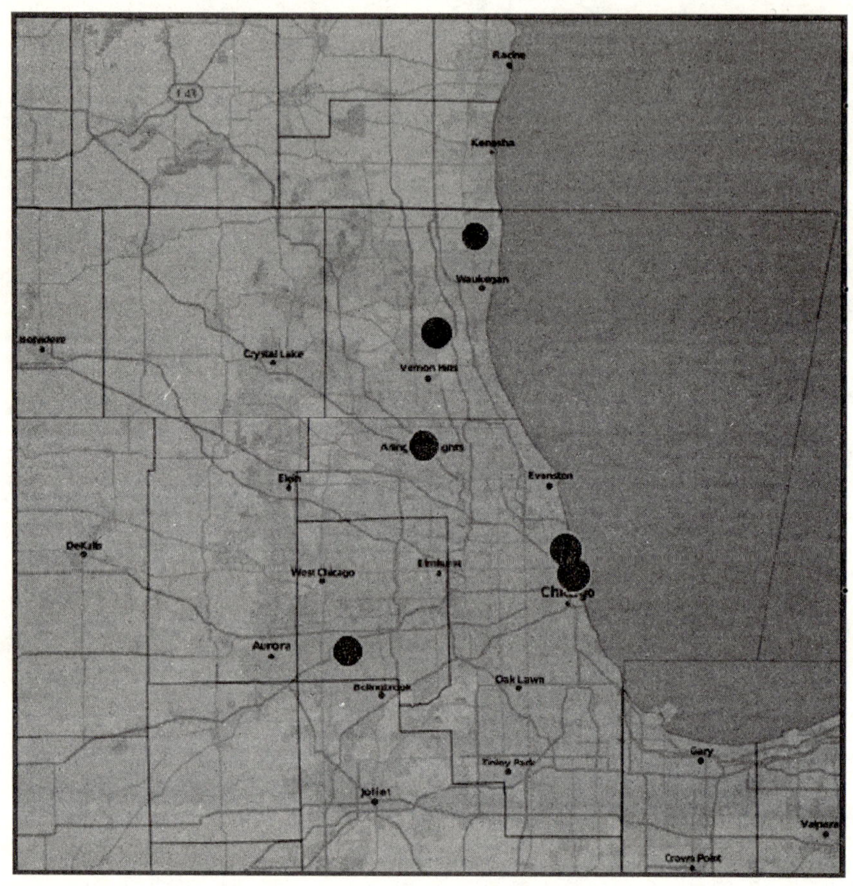


图 5.12　商店销售标注在地图上

当然，无论你何时谈论创建一个好的数据可视化，都会有人站出来不同意你的做法。不同的人喜欢不同类型的图表、偏好不同的颜色以及布局。在此，我们不会讲得这么细，我们主要关注的是一个好的数据可视化背后蕴含的主要准则和理念。

让我们先从数据可视化的目的谈起。迈克尔·施拉格在其《哈佛商业评论》的博客帖子中说到，数据可视化的创建应有助于引发对话、讨论和交流。[8] 他还说，你不应该只问，如何以最好的方式呈现数据，而是应该确定，你想要开启何种形式的对话或你想要人们如何与可视化进行交互。他的目标是，通过建立人与人之间准确的交流来创建能产生价值的可视化。他还大力支持交互型可视化，帮助人们随着对话的发展对数据进行钻研。换一种方式思考这个问题，那就是基于数据可视化的描述性数据分析应该能帮助人们认识到问题所在，并且引发人们产生对于如何处理问题的讨论、最终，这将会促使人们做出更好的决定。他希望，这些图形能够帮助我们获得用其他方法难以得到的启发，而这些启发静态图表是无法展示给我们的。

贾斯汀·霍尔曼拥有地理学博士学位，是一家地图公司 TerraSeer 的执行总裁。他对施拉格的观点进行了补充，认为地图能够引发商业讨论。霍尔曼说道，许多业务在 Excel 表格或简单的图表中呈现出来的数据都可标注在一张地图上。他认为，有时候表格和图表会阻碍谈话，因为它们充斥着人们难以理解的一些术语或者对比。相反，如果同样的数据呈现在地图上，那么这就能够使更多的人参与进来。地图能够传达更多的信息，并且更重要的是，能以一种使组织内的大多数人理解的方式呈现信息，这就促使更多的人参与到讨论中来。例如，当公司内相关领域的人看到数据以地理信息的方式呈现出来时，他们会更加投入。由于他们是这个领域的相关人员，因此他们能够更直接地就所看到的进行评论。霍尔曼说，军事活动策划家利用地图（而不是电子工作表）来制定作战策略，这是毋庸置疑的。地图传达出更多信息，促使更多的人进行评论以及做出建议——有助于防止疏忽的发生而付出高昂的代价并帮助人们把握住每一个机会。

至于图表设计原理的一些具体准则，有许多资源都非常有用。或许最著名的是爱德华·塔夫特。他于 1983 年出版的《定量信息的可视化表示》一书是该领域的一部经典著作。从这本书中，我们得到了许多有关设计令人满意的数据可视化的指导性原则。

- 可视化应在短时间内传达出许多的想法，几乎用最少的笔墨和空间——比尔·弗兰克在其《哈佛商业评论》的博客帖子中对此做了补充性的说明，认为好的可视化应该及时传达信息。[9] 也就是，当人们看到可视化时，能立刻明白它想传达的是什么。他给出一张社交网络图表的例子，图表中描述的是某一个人与许多不同群体的联系。根据图表，我们立即明白这个人是联系那些群体的关键所在。
- 可视化应该真实地反映数据——管理者经常看到 Y 轴不以零为起点的柱状图。这扭曲了所对比的值的相对差异性。图 5. 13 中的数据与之前所列出的商店的数据一致，但是此图中的 Y 轴不以零为起点。这就使得商店 A

的销售额比商店 D 的两倍还多，比商店 F 的十倍还多。

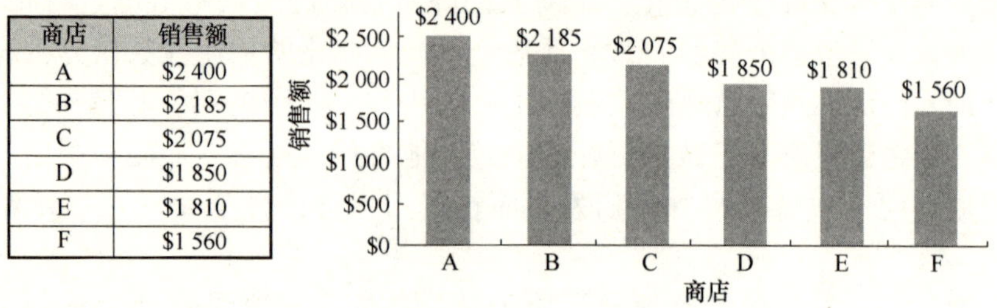


图 5.13　源自图 5.10 的商店销售数据，此图中有一大“谎言因子”。

塔夫特称此为“谎言因子”。他将谎言因子定义为可视化效果与基础数据效果的比率。也就是说，你测量出轮廓或者图表大小的差异后，将此与实际数据进行比较。如果谎言因子接近 1，说明你准确地表现了数据。如果和 1 相差甚远，那么说明你的可视化扭曲了数据。当柱状图中的 Y 轴不以零为起点时，或者你表现数据的绘图面积并未准确反映潜在的数据点时，你通常会在谎言因子上碰到麻烦。

谎言因子并不一定是人为造成的。倾斜的三维饼状图就是其中一个例子。利用 Excel 软件，我们很容易创建一个美观的倾斜三维饼状图。然而，此类图表扩大了谎言因子的值。当我们为创造三维效果使饼状图倾斜时，图表的某些部分就会变小。如果你仍然想要使用具有误导性的饼图，使面积较小的部分看上去大一点，你可以将这个部分置于三维饼状图的前端，如此一来，它的面积看上去就会比本身的来得大。

饼状图在将数据图表化的过程中还存在另外一个问题：人们难以对各个区域进行比较。事实上，只要快速地在网上搜索一下，你就会发现许多人之所以偏向于使用饼状图就是因为它具有误导性。饼状图和面积图的另一问题是，人们倾向于比较高度而非面积。[10]因此，即使你为避免谎言因子而处处小心，人们基于自己所观察的，仍然有可能创造出一个谎言因子。

当你开始制作复杂的可视化和信息图形时，你也常常会碰到谎言因子这个问题。也正是在这个过程中，你会遇到以下的问题：信息图形变成了一种美观艺术而非一个展现描述性数据分析的合格案例。因此，如果没有一些指导性原则的指引，许多地方都会出错。

至于哪些是适用于信息图形制作的管理原则，我们可以向阿尔贝托·卡伊罗寻求答案。作为《功能性艺术》一书的作者，他提出，好的信息图应该呈现数据（或许是几种不同的变量），方便人们进行比较，并有助于组织数据和使相互间的联系显而易见。我们看到“呈现数据”这一不言自明的要求竟是首项内容，这是十分有趣的。如果某位专家将如此一个明显的要求放在首要位置，这就说明许多信息图表都隐藏了数据，或者图表内含有许多视觉噪声，从而只表现了一个变量。卡伊罗的其他三点似乎彼此有所关联。如果你的信息图中有非常有趣的绘图和图表，为了符合某种布局，你会很容易将数据或图表放于“合适”的地方。因此，你需要保持谨慎，不能受到绘图布局要求的影响而分离你的数据。应该确保其他人能够很容易地观察数据、比较相似数值并看到关联变量间的相关性。

## 5.3　运用描述性统计做描述性数据分析

当分析数据及做描述性数据分析时，你不能忘记统计学的基本要点。如果你有一组数字数据，通常计算有关数据的基本事实是十分有帮助的。

在统计学中，最基础而又最重要的两大概念是平均值和标准差。平均值或者说平均数，让你对数据中点有一个大致的了解。标准差表明的是数据的变动。标准差小（相对于平均值）说明大多数数据点接近于平均值。标准差大说明你的观察值于平均值比较离散。有一个简单的方法可以比较两组数据集的变动情况——变异系数。你只需将标准差除以平均值就可以算出变异系数。如果变异系数的值接近于 0，就说明数据的变动较小；接近 1 时，则意味着数据变动相当大，有时数值甚至会更高。了解最小值、最大值和分位数（例如四分位数、五分位数、十分位数等等）通常也十分有用。

以零售商比较各个分店的销售额为例。在密歇根州，50 家分店销售额的平均值是 100 万美元，数据标准差为 175 000 美元。在佛罗里达州，销售额的平均值为 150 万美元，标准差为 650 000 美元。那么这些数值除了告诉你佛罗里达州销售额更高之外，你还能从中获取什么信息呢？你还能知道，佛罗里达州商店的销售额更为分散。密歇根州商店的变异系数为 0.18，而佛罗里达州的为 0.45。

如果你想要以可视化方式对数据变动进行探索，你可以使用柱状图，这种报表虽未充分得到利用，但是十分有效。图 5.14 显示的是不同销售额区间内对应的商店数量，从中可以发现，密歇根州内大多数商店的销售额接近于平均值，而佛罗里达州则有许多商店的销售额差异显著。从管理的角度来看，变异系数高，就说明其情况更为复杂，需要进一步调查研究。

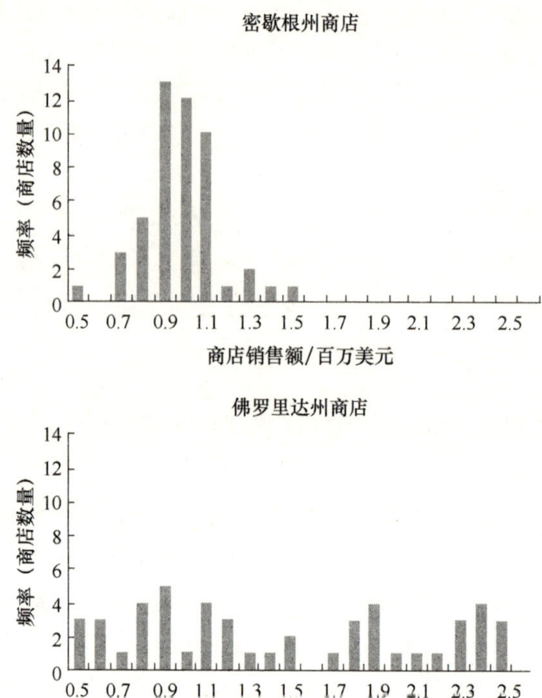


图 5.14　密歇根州与佛罗里达州商店的销售额直方图

除了利用平均值、标准差、变异系数来比较各种不同数据的列之外，另一种功能强大但人们有所忽视的计算方法是相关矩阵。它是统计学中的一种标准计算，也是与 Excel 联用的分析工具库中的一个部分。相关矩阵能够使你快速地观察到不同数据列之间是如何相互关联的。比如，假设有一组关于 250 位男士的数据集，包含他们的体脂、年龄、体重、身高、颈围和腹围测量值的数据。探索任何两项数据之间的关系都能带来一些启发。图 5.15 中的相关矩阵非常容易理解。当数值接近 1 时，表明两列数据一起变动，一列数据升高一定百分比，另一列也会随之升高；当数值接近 0 时，表明两列数据的变动是随机的，并不存在任何关系；当数值接近 -1 时，表明两列数据的变动完全相反，当一列数据中的值升高，另一列就下降。例如，我们看到体脂和腹围测量值的相关度为 81%。这就说明，这两个值的关联程度很高，说明腹部测量值越高，体脂也就越高。你可以发现，颈围测量值和体脂的关联度只有 49%。而且，身高和体脂几乎毫无关联，但是我们可以说，长得高的男士略有可能体脂也较少。

| | 体脂 | 年龄 | 体重 | 身高 | 颈围 | 腹围 |
|---|---|---|---|---|---|---|
| 体脂 | 1 | | | | | |
| 年龄 | 29% | 1 | | | | |
| 体重 | 61% | -1% | 1 | | | |
| 身高 | -9% | 17% | 31% | 1 | | |
| 颈围 | 49% | 11% | 83% | 25% | 1 | |
| 腹围 | 81% | 23% | 89% | 9% | 75% | 1 |

图5.15 体脂的相关性分析结果

我们在第2章“什么推动数据分析蓬勃发展”中提到了《大数据》一书，该书作者迈尔-舍恩伯格和肯尼斯·库克耶提出，有了大数据，你再也不需要知道为什么一件事情会导致另一件事情的发生（因果性）；你只需要知道它们的数据是相互关联的。这两位作者谈到的相互关系用相关矩阵这种算法就可以很快地得出结果，这种方法也能使人们更好地描述数据。

## 5.4 运用机器学习做描述性数据分析

到目前为止，我们将描述性数据分析描述成一个需要人们谨慎对待的过程。你有一组数据集（不管是你创建数据仓库，还是直接获取数据），然后利用数据来执行SQL查询或创建可视化。但是你也在不停地问问题，然后观察结果。在某些情况下，你每一次提出的问题都是一样的（比如当你创建标准报表时）。在另一些情况下，你需要进行专业分析。

然而，有时我们对数据不甚了解，因而不知道如何进行专业分析。在这种情况下，或者是不知道想要问的问题是什么，或者问题的答案过于复杂以至于无法编写一条SQL查询来获取答案。这时候就要用到机器学习。与淘金相似，机器学习正在做的是针对数据进行搜查，来看看能否找到某些我们感兴趣的东西。

通过机器学习做描述性数据分析的最明显的案例，来自无监督机器学习。也就是，我们有一组数据集后，我们想要通过这种方法更好地认识理解它。在本章的前面讨论中，我们已经谈到通过使用技术使数据可视化，这就是无监督学习。在第4章“机器学习”中，我们阐述了聚类规则和关联规则（例如购物篮分析）。这些算法帮助你以一种全新方式描述数据，进而发现之前不了解的信息。或者你可以找寻到一些模式，这个模式可能对每一个人来说都是显而易见的（或许会发现这样一个事实：那些买麦片的顾客也会买牛奶）。也有可能，你什么都没有发现。无监督学习的迷人之处和令人困惑之处就在于此。

此外，有些监督学习算法能帮助你更好地理解数据。

因此，即使我们有了很好的关于描述性数据分析、预测性数据分析以及规范性数据分析这样的分类，但请记住，这个分类只是一个帮助我们能更清楚地思考数据分析领域的框架。在实际应用时，数据分析的各种不同类型之间的界限是模糊的。当然，有些算法可以跨越数据分析不同的类型。

## 尾注

1. 这个案例的信息来自阿图·葛文德（Atul Gawande）在2008年1月22日《纽约时报》发表的文章“医院拯救生命必做事项列表”（www. nytimes. com/2008/01/22/health/22brod. html? r=0）和2010年12月10日在《纽约客》中发表的文章“检查清单”。

2. 最近的研究表明，以列的形式存储数据（而不是行）会加快数据分析的某些形式的工作。我们应该指出，这是一种比较先进的方法。如果以一种标准方式学习数据库，对实现最终目标来讲，将会处于比较良好的状态。若想深入了解这个话题，参看基维百科：http：//en. wikipedia. org/ wiki/Column-oriented_DBMS。

3. 这个关于数据库的讨论灵感，来源于圣母学院艾特·劳里亚博士（Dr. Eitel Lauría）所开发的课程材料，这些课程材料发布在IBM学术活动中。这门课包括了基础数据库的大部分内容，并且提供相应的实践练习。这门课的信息可以参看以下网址：

https：//www. ibm. com/ developerworks/mydeveloperworks/groups/ service/ html/communityview? communityUuid = 065eaf68-e1e1-409e-9826-75575a1a3d09#fullpageWidgetId = W98e4ea94eba3_4cb4_9c7b_2bacf0bc2e01&file = ef28fa92-7a19-44da-aae1-191290f3e7cc。

4. 参看基维百科 http：//en. wikipedia. org/wiki/Peter_Chen 上陈品山的文章。

5. 参看 Ayasdi 公司网站 www. ayasdi. com 上的视频。

6. 我们在表格中只列出前18个月的数据。对于全部数据表格，请参看该书网址：www. managerialanalytics. com。

7. 对信息图形学给出非常好的讨论，可以参看《功能性艺术》一书（参看“非传统参考书目和扩展阅读”）。

8. 参看2013年3月26日迈克尔·施拉格的博客“所有智能可视化应该询问的问题”（http：//blogs. hbr. org/2013/03/the-question-all-smart-visualizations/）。

9. 参看2013年3月21日比尔·弗兰克斯的博客“好的可视化的价值：即时性”（http：//blogs. hbr. org/2013/03/the-value-of-a-good-visual-imm/）。

10. 对于比较高度而不是面积提供了非常好的例子，参看我们在“非传统参考书目和扩展阅读”中《功能性艺术》一书。

# 第6章 预测性数据分析

从广义上讲，预测性数据分析是一项帮助我们预测未来，或者预测新数据观察值的技术。

例如，预测性数据分析一直以来通过利用过去销售额以及促销活动的信息，来预测下一周、下一个月或者下一年的销售额。此预测模型升级后，那些有关竞争对手、市场总体走向、宏观经济活动或者天气等信息也被包括进来，用以预测未来的销售额。此外，预测性数据分析还能帮助你利用样本数据对假设进行检验。比如，假如降价5%，销售额有可能提升10%吗？或者，假如网页上附带人物的图片，访问者会在页面额外停留10分钟吗？机器学习算法被运用到了新的领域以辅助预测。例如，预测性数据分析能够确定新的邮件是否为垃圾邮件，信用卡是否可能遭受诈骗，或者判断患者对某项治疗的反应如何。预测性数据分析，还能利用模拟来确定某个系统是怎样演变的。

正如本书前面所提到的，预测性数据分析不可能百分之百准确。但是，良好的预测性数据分析将有助于你量化答案的可信度。可信度（confidence）是一个十分有用的管理工具。当人们做出决定时，就会希望理解该决定的重要性及其预测效果。例如，假如你需要做出一个重要的决定，但是预测模型的结果却并不令人信服时，你可能就会小心行事或者搜集更多的信息。

在这一章，我们将关注最常见的预测性数据分析。首先，我们要关注的是最早出现的领域：预测和回归。然后，我们将重新回顾在第4章所论及的机器学习算法。此外，我们还将讨论一种非常广泛流行的改进网站的方法：A/B检测。最后，我们将论述一种非常重要的预测性数据分析领域：模拟方法。

## 6.1 回归预测

回归分析是各个公司运用的最常见、使用时间最长的方法之一，各公司利用这个方法帮助预测其产品或服务的需求状况。简而言之，回归是指利用一个变量（自变量）的值发生变化时，对另一个其他变量（因变量）的值进行预测的过程。

做回归分析的起码要求是，获取并将历史上的销售额数据输入到回归模型中（用机器学习的术语来讲，这是训练数据）。历史销售额数据被打上时间戳（通常按周或月计），而且可利用有关促销活动或特殊时间的信息，使其信息量有所增加。一般地说，如果你有几年的数据，该模型的运用效果会更出色。你希望拥有足够的数据来观察历年来同一月份或年度促销的销售额情况。接下来，该回归模型便会返回到简单方程，让你输入未来的月份以及促销活动情况，然后就能预测出相应时间的销售额了。此方程会自动地对数据、季节以及促销活动的总体趋势加以解释分析，还能提供关于预测可信度的评价。这样的信息，人们通常称之为预测误差，误差范围设有上下限。例如，通过预测，得出的结果是：预测销售额为100，真实的销售额有95%的可能落在80～120的范围内。如果有95%的可能性落入范围是10～190，那么你就会很明智地认识到：不应该相信此次预测。

由于回归分析嵌在需求计划系统中，所以人们未必会认识到，回归可用于此类预测性数据分析。许多公司配拥有需求计划系统，能够追踪历史销售额数据、促销活动情况以及其他事件，然后得出预测结果，这些结果是由回归分析方法得出的。这些系统还能使你分享组织内的信息并与他人合作。例如，除了依靠历史信息之外，你可能还想要让你的销售小组、供应商和顾客为你的系统提供更多数据，使之更为精确。

即使预测领域已经发展得相当成熟，数据的快速增长依然带来了巨大的影响。

过去，公司依赖于每周或每月的数据。而如今正建设新的预测系统，可以每日从商店获取数据，预测商店接下来几天的需求。此想法就是：这样信息可以帮助你将获取的所需产品，提供给有需求的商店。

此外，一些公司意识到，通过结合公司以外的数据，可以更好地进行预测。过去公司只利用内部的历史数据预测将来，然而，随着可获取的外部数据越来越多，他们意识到，可以利用这些数据做出更好的预测。例如，一家经营汽车零部件的商店，可利用其市场的车辆登记情况来做出更好的预测。通过了解商店附近的车型和车龄的信息，进行预测需求。同样的道理，商店的人员统计、有关交通量的附加信息或竞争对手的地理位置信息也十分有用。对于短期预测来说，许多零售商还发现掌握天气预报信息对店内销售额有着不小的价值。

## 6.2 机器学习与集成模型

尽管预测的应用领域非常广泛，但是媒体在很长时间之后才对此进行大量报道。相反，像机器学习这种比较新的领域，利用比较新颖的算法，并将其用于处理新的数据，这博得了大多数媒体的关注。

我们在第 4 章已经解释了机器学习算法。由于监督机器学习算法是预测性数据分析领域中某些全新概念内容的核心组成部分，因此本章内容也会包含第 4 章的信息。然而，由于机器学习算法同样可用于描述性数据分析（比如，利用无监督机器学习算法发现新知识，或利用决策图表来描述数据），所以我们提早在第 4 章就对其进行了论述。

像监督机器学习算法是怎样成为预测性数据分析的一个部分所提醒我们的那样，试想一下决策图表和 k-最近邻算法是如何为我们提供针对新的观测值预测出结果的。另外，虽然我们前一部分章节讨论了一些使用回归来进行的预测，但是，回归可以更广泛地用于对数据做出预测。比如，当你拥有了某一特定区域内的房屋销售价格数据，以及浴室的数量和房屋占地面积数据，你就可以预测出一套占地 2500$ft^2$，并配有 3 个浴室的房屋的销售价格了。这并不是预测，而是与其他的机器学习算法相一致地运用回归方法而已。本质上讲，其所服务的内容很像 Zillow（一家免费提供房地产估价服务的网站）服务机构所做的。

不要忘记，这类有监督的机器学习算法可能有成百上千种，而且每一种算法都有各种各样的可供人们调整的参数。关于这方面的内容，列举各种组合已经超出了本书的范围。但是身为一名管理人员，你应该知道存在这些不同的选择。

那么，为什么这些选择如此重要呢？在实际应用时，人们发现很难只采用一种最佳的算法进行预测。这一点不足为奇：做预测并非一件易事（正如尤吉·贝拉所说，对于未来做预测尤其难上加难）。然而，人们目前发现，与其花大量时间去寻找一种最佳的算法，不如利用有着不同设置的多种算法对数据加以运算，进而观察哪几种算法是最佳的。一个相关策略是，人们考虑结合多种算法来进行预测。比尔·弗兰克在其《驯服大数据浪潮》一书中，将其描述为集成模型，并使之与众包模型相比较，也就是说，你依靠的是多种模型的优势，而非单独一个模型。而且，就算你现在发现了最佳算法，也并不意味着将来不能随时间流逝而做一些调整。实际上，世界是变化的，算法也需要应时调整，最好的系统能够识别这一点。

我们在第 5 章所提到的那些诸如 IBM 公司的 Waston，或者使数据可视化的 Aysida 系统等复杂的机器学习系统并不依赖于单种算法。当你读到这些系统时，你会意识到它们依赖于几百甚至上千种算法。然后，这些公司运用其他的算法来确定哪几种答案是最佳的。上述两个关于集成模型的极端案例，能帮助你充分理解它们是如何工作的。

我们大多数人不需要操控上面所提及的那些复杂系统（尽管后面我们将更加频繁地使用到它们）。但是，同样地可将这些想法应用到其他领域当中。通常，我们看到人们花费大量时间，试图选取一种最佳的算法。这样的做法归因于我们在学校和大学时所接受的寻找唯一正确答案的训练，以及基于计算机过去运行速度非常缓慢的事实，这使人们认为它没有能力尝试不同的事物。相反的是，数据分析发展的新趋势与机器学习的运用，旨在尝试多种不同的算法并观察哪种结果最佳。随着你在这一方面有了更多的认识，就可以系统地尝试不同的算法，并用其他算法来挑选最好的答案。在本章开始时，我们就提到通过运用回归分析法来预测，许多不同的回归模型和假设得到了应用。同时，在实践应用中，预测系统一直以来尝试利用各种回归模型分析数据，然后选择最佳的模型。这里选择最佳模型时，就利用了统计技术。

对于预测性数据分析来说，你能学到：单独一种机器学习算法可以帮助你做出之前未能进行的预测，但是利用多种不同的机器学习算法能帮助你做出更加准确的预测。

## 6.3 A/B 检测

在第 2 章曾提及，对商业思想进行检验的想法促进了数据分析蓬勃发展。A/B 检测正是这种检验方法的核心内容。尽管 A/B 检测可应用于许多领域，但是在数据分析领域，这一术语仅仅是指检验网站的性能。

那么，什么是 A/B 检测呢？其思想非常简单：将你现有的网站设为版本 A，将其做一处小小的调整，然后得到了新的网站版本 B。这样的轻微调整应该是细微的，因为你需要将这一处变动所带来的影响独立出来。例如，你可能会将按钮的颜色从蓝色改成橙色，或者将按钮上的文字从“购买”改成“现在购买”，或者你可能会在网站上添加一张新的图片。与此同时，你需要决定你想要检验的目的是什么。通常，检验是为了观察是否有更多的人购买产品，网页的浏览时间是否有所延长，或者人们是否注册了更多的服务项。

为了实施检验，就要建立这样的网站，使一组随机访客浏览版本 B，而另一些访客浏览版本 A。然后搜集访客购买了什么产品、浏览网页时长、是否注册等数据。检验末期，对数据进行统计分析，观察是否版本 B 的结果更令人满意。如果答案是肯定的，那么版本 B 就会成为新的默认网站。

为了有效地实施 A/B 检测，需要保证有足够数量的网站访客，随机地分配版本 A 与 B，并且运行一段足够长的时间，保证拥有一个具有统计学意义的样本量。如果样本量太小，那么结果出现差异可能只是偶然的，从而不能严格地说发现了版本 A 与 B 之间真正的真实差异所在。将访客随机分配给网站版本 A 或 B 也很重要。无需等量分配，事实上，只需要分配一小部分访客来浏览新版本的网站。由于访客是随机的，这就避免了分析过程存在偏见的情况。比如，不希望 IP 地址是佛罗里达州的访客浏览版本 B，他们可能和其他的访客有着本质上的不同。另一个和随机样本有关的是，实验需要测试足够长的时间来免除由于一天时刻不同或一周星期几的差异而产生的偏见——早上 8 点的访客可能和晚上 9 点的是不一样的，或者星期一的访客和星期六的是不一样的。A/B 检验中，可能会有一些公司在数小时内得出决定性的结果，从而更换网页的故事。你必须要考虑的是，这个故事是否只是为了引人注目而进行的夸张之举，或者是公司基于一天的检验而进行更换的冒险之行。

你会发现，拥有大量访客的大型网站为什么青睐 A/B 检测。这是因为，他们可以借此快速地实施大量的检验。当你读到一个公司每年要进行 10000 次检验时，就可以猜想他们实施的正是这样的检验。

许多网站开发者、软件工程师以及互联网企业家建议，每一个网站都应该实施 A/B 检验，至少那些希望做得更出色的网站应当如此。而且，有许多证据表明，实际上许多网站采纳了这一建议。

虽然早期许多网络公司一直在沿用 A/B 检测，但直到奥巴马 2008 年的竞选活动才使得这项技术广为人知[1]（在第 1 章已经讨论了这个案例）。奥巴马的竞选团队采用了 A/B 检测，遴选出适合于投放到网站的图片以及按钮上应写上的正确文字，使其网站的注册率升高了 40%。这种注册增长的实际意味是竞选获得了数百万甚至更多的志愿者支持、竞选资金增加了数百万美元。由于这个情况被泄露，人们了解到数据分析和竞选结果的联系，然后开始考虑在商业中使用同样的技术。

在竞选结束之后，实施奥巴马竞选网站 A/B 检测的负责人建立了一家名为 Optimizely 的公司，帮助其他公司更便捷地实施 A/B 检测。在此之前，必须对网站和检验之间进行编码处理。Optimizely 公司将编程独立出来，进而使检验能更快地进行。

很受人欢迎的《连线》杂志上的一篇文章曾讲到，A/B 检测在奥巴马竞选中得以运用，还促使人们对这一检验产生了其他有趣的想法[2]：

- A/B 检测要求改变决策制定过程。要不了多久就不需要专家来为网站选取合适的颜色、文本或图片了。专家应该建议的是一整套合理的备选方案，在实施检验之后，用检验的结果来决定接下来要做什么。这就意味着决策制定方面会发生重大改变。可以想象当时的对话有多尴尬：奥巴马建议在其竞选网站使用某张图片，可是 A/B 检测员则不得不告诉他应该使用的是另外一张图片。

- 使用检验的结果来制定决策使人们产生了这样的感受：他们不再关心为什么一种选择比另外一种更合适。《连线》杂志文章讨论了如下的事实：人们不愿意从一次关于促使下个月销售额的增长是因为用了与上个月完全不同的按钮颜色、文字或者图片的检验中得出结论。但是我们会看到另一种情形，多次检验的结果大同小异，人们可从中获得结论。例如，大尺寸照片可以提高网站的流量。无论如何，A/B 检测改变了企业把握顾客的方式。或许顾客时常更换，企业可能选择使用 A/B 检测来跟上相应的变化，也有可能顾客相对稳定，企业则会使用前先的检验来为未来做出更好的设计。

- A/B 检测可能帮助你提升现有的网站，但是不会使你在一个全新的网站上有所收益。A/B 检测又称为“网站优化”，这一名称显得有些误导，其潜在意思是指 A/B 检测提供了可能最好的网站，但事实并非如此。同时，这一名称是对“优化”一词的错误使用，我们在第 8 章会对此提供一个更好的解释。A/B 检测所做的内容就是预测两种不同的设计哪一种更行之有效。由于这种方法能将变化之处隔离出来，因此当你需要做出增量变动时，它是一种非常有效的方法。请记住，对网站做出大幅度的调整不是小事。举例来讲，如果访客在网站版本 B 上看到的按钮是蓝色的，而当他再次访问时却看到同样的按钮是红色的，这并不会有什么影响。然而，如果 B 是全然不同的版本，当此版本被否决后，相同访客在之后浏览网页时又看到最初设计版本时会倍感困惑。这对商品品牌会产生重大影响。因此，A/B 检测可能并不适用于检验两种显著不同的设计。增量变动的陷阱在于，你最初的设计可能并非那么优秀。但这并不是 A/B 检测方法的问题，当有人告诉你 A/B 检测能够“优化”网站时，这就是 A/B 检测方法的问题了，你需要牢记这一点。可以肯定的是，这种方法能提升你的网站，但是当你想要重新设计出一个更好的网站时，你仍然会面对许多艰难的决定。

一家我们了解的公司提出警告说，应用于所有访客的 A/B 检测只适用于构思出平均来看反应良好的设计，但并非人人都会称好。一种更好的方法是，根据不同访客的特点，为他们设计不同的登录页面。这些登录页面自身可得到 A/B 检测，以求进一步的改进。可以看到，你仍然需要做出许多管理上的决策。

A/B 检测只是假设检验而已吗？

如果你是初次接触 A/B 检测，但具有一些统计学的背景知识，那么你可能会想到，A/B 检测更像统计上的假设检验。奇怪的是，在关于 A/B 检测的文章中，这种联系却几乎未被提起。我们得出的结论是，A/B 检测的使用者主要是计算机工程师（他们几乎对统计学一无所知），他们无需将两者联系起来。正如你在本书中所看到的，这是导致人们对数据分析领域理解如此混乱的常见问题之一。某个团体使用一种技术，当它变得有用而且带来效益时，这个团体便将他们所做的事称为“数据分析”，他们不会指出这种技术其实是一个更大知识体系的一部分。

A/B 检测是假设检验的一种形式，理解这一点是有好处的，如此一来，你能够将此技术应用于更多的决策制定，从假设检验中学到的教训也可应用于 A/B 检测。

在传统的假设检验中，备择假设是针对零假设加以检验的。从本质上看，零假设代表你默认的立场，也就是，你坚信零假设是正确的，除非有足够的证据来改变你的想法。你针对零假设所进行检验的具体想法被称为备择假设。用 A/B 检测术语来说，网站 B 就是备择假设的一部分，比如说假设你想要检验将按钮上的文字改为“现在购买”是否会提升销售额。零假设是版本 B（文字已被修改过的版本），和版本 A 相比，版本 B 所产生的销售额不相上下。或者举另外一个人们所熟知的例子来讲，美国刑事司法体系创建了一个备择假设，即被告都是有罪的，而零假设就是被告是无罪的。

于是，就传统的假设检验而言，你要搜集并分析数据，考察否有足够的证据来拒绝你的零假设。如果拒绝零假设，则接受备择假设。结合本章提到的例子，分析数据后要观察是否能够拒绝版本 A 的销售额与版本 B 的销售额不相上下的假设，同时得出版本 B 的销售额高于版本 A 的说法。在刑事司法体系中，你分析数据后，考察是否能拒绝“被告是无罪的”这个假设，从而得出有足够的证据使你相信“被告是有罪的”这一结论。有一件事需要注意的是，选择这种分析类型要么是为了接受备择假设，要么是为了拒绝它。接受则意味着你相信它是真实的，然而拒绝并不意味着备择假设一定是错误的，这只是说明没有足够的证据使你接受它。也就是，判决无罪并不意味被告就是清白的。

许多基于接受或拒绝备择假设而得出的管理洞察力不符合 A/B 检测的某些论述。

首先，当你接受或拒绝某一假设时，你可能会犯两类错误。按照传统说法，第一类错误是指当备择假设为错误时候，却认为它是正确的。比如，数据表明网站版本 B 更为出色，然而事实却并非如此；或者审判决定被告是有罪的，而实际上却是清白的。第二类错误正好与第一类相反，你并没有按照应该做的那样拒绝零假设。比如，数据表明，版本 A 与版本 B 一样出色，然而事实却是前者逊色一些；或者审判决定是被告无罪，而实际上却是有罪的。因此，作为一名管理者，你应该记住你一直在平衡这两类错误。

其次，虽然这两类错误是无法避免的，但是你应该基于这两类错误的影响来调整你的接受标准。这一点很容易从刑事司法体系这个例子中得出来。通常认为，误判一个清白的人有罪是更糟糕的一件事，这属于第一类错误。因此，在刑事案件中的标准是“排除合理怀疑”。换句话说，你希望通过十分努力地工作来避免第一类错误。对于量化的统计检验来说，一般你设定的临界值为 5%，这就是说，如果你犯第一类错误的概率为 5%，或者低于这一百分比，那么你就愿意拒绝零假设，而接受备择假设。但是，假如你可以量化“排除合理怀疑”，你就会说此临界值为 1% 或者 0.1%。现在，当你做出后果不那么严重的决策时，诸如改变网站按钮上的文字，你可能坚持选择 5% 或者甚至高达 10%、15% 的临界值。从管理角度来看，你并不是简单地在检验 B 是否优于 A；你是在查看在统计学意义上的优劣。此外，由于存在这样一种假设：改变网站会带来一些隐性成本的增加，你可能会设置一个较高的临界值（5% 或 10%，而不是 50%），来使你真正地接受版本 B。

为了尽可能地减少第二类错误，最好的解决方法是收集尽可能多的数据。此外，如前面所提出的要点一样，你希望确保数据是无偏倚的。因此，当进行假设检验时，你总是要尽量推迟决策制定时间，并搜集更多的数据来观察答案是否更清晰明朗。

总而言之，A/B 检测应该纳入到你的数据分析工具库中。但是，不能忘记 A/B 检测只是假设检验的一种形式。利用可靠的假设检验做出的决策越多，你所获得收益就会越多。

## 6.4 模拟

和回归预测一样，人们经常忘记模拟是预测性数据分析的重要组成部分。模拟技术有悠久的历史，通常在大学里也会学到，而且受到软件供应商的广泛支持。在某种意义上，模拟是一个相当通用的术语，常常用来描述如下情境：人们运用计算机（或者其他工具）来试图模仿、测试或者认识真实世界中的系统或过程。这经常导致人们对模拟和优化两个概念的混淆。考虑到模拟和优化是两种不同形式的分析模型，我们倾向于将上述过程称为模拟。

模拟模型从概率分布中抽取采样数据，以此追踪探索系统的行为或跟踪的输出值。由于模型运用随机变量，所以模型的任何一次运行都是被选取的随机变量的结果。因此，为了更好地理解系统，需要多次运行模拟来覆盖到更多的随机变量。然后，在多次运行中观察系统的性能，以便于了解随着时间推移系统会有怎样的行为特征。利用模拟模型的主要动因是，现实世界中存在众多的问题，而这些问题中的一些关键元素具有高度的不确定性或随机性，同时不存在已知的数学方法（或者闭型方程）能够准确地预测系统的性能或数值解。在这些情况下，你本质上可利用模拟模型来进行试验。通过巧妙地进行反复试验，你就能相信所获得的结论。

例如，假如你就职于迪士尼公司，你可能想要创建模型来看看玩一次过山车需要排多长的队伍。这个过山车模拟模型会包括许多的随机参数。到达过山车场地的人数是变化的（有时以庞大的团体形式），一天当中各个时间段的人流量并不固定（午餐时间人流量少）。人们上过山车和从过山车上离开所花费的时间也是变化的，有时长些、有时短些。此外，由于朋友和家庭想要一起游玩，所以座位可能并没有全部坐满。或许过山车本身完成一次骑游的时间也具有某种随机性。模拟模型需要运行很多次（事实上，有关软件可以帮助你，运行次数可能有 10 000 次），同时将上述所有因素考虑在内，然后得出结果，告诉你排队的平均人数以及一天中平均的等待时间。

此时，你可能会想你只需将随机变量平均一下，然后直接计算平均时间，而无需大费周折利用模拟模型。但是，正是这种变化性才使得这个问题具有挑战性。队伍排成长龙正是遇到如下情况时而发生的：大量的人群同时抵达过山车场地，许多座位没被坐满，以及上过山车花费时间较长。迪士尼公司想要了解这些问题。如果什么都平均化，那么公司就无法获得这些发现。

此外，你可能会疑惑为什么模拟方法被分类到预测性数据分析中。你可能会争论说，这更像是描述性分析，也就是模拟模型描述了系统是如何运行的。从某些方面来讲，这种说法不错，但是模拟真正的作用在于其给定系统不同的参数，来预测系统将来是如何运行的。对于迪士尼公司来说，认识当前的系统有助于公司找到想要解决的出错的地方在哪里（比如哪一处的游乐场地排队过长的问题）。但是，迪士尼公司下一步想要做的很可能是检验各种不同想法，来改善这种情况（增加额外雇员、改善游客上下的过程等），利用模拟模型来预测系统在各种条件下的运行情况，这正是其价值所在之处。

另外，你可能还会疑惑，为什么我们不将模拟分类到规范性数据分析中。模拟不就是告诉你要采取什么措施吗？同样，这里有一处清晰的差别。在某些情况下，模拟结果可使最佳解决方案更明晰化。但是，一次模拟运行并没有切实地告诉你应该做什么，它只是预测了结果。让我们再来看一看迪士尼公司例子：当公司发现队伍过长后，会想要做些什么呢？迪士尼可运用模拟模型，来观察通过安装更多座位，或加快乘客上过山车的过程这一改变会带来什么样的变化。然后，公司运行模拟模型来查看各种不同情形下会发生什么，进而选取喜欢的方案。在此情况下，模型并没有告诉迪士尼公司要做什么；相反，迪士尼公司则给予模型多种多样的选择，然后模型预测各种不同选择下出现的结果。这点令人感到困惑，因为许多模拟软件包具有“优化”的特点，使你很方便地进行各种选择，模型可对这些选择自动逐一运行，从而告诉你哪一种是最佳的。从本质上看，这种优化是通过列举来进行的，而不是应用特定的优化算法。当人们的决策数目相对较少时，同时决策范围又有限时，这种方法是非常有效的。然而，当可能的选择数量很多时，这种方法就不再适用了。例如，假设你面对一项工作，要将 25 项工作任务按序排列，每一项都有预计完成时间，同时时间具有某种可变性。你的工作是确定各项任务进行的先后顺序，以使后面的各项工作尽早完成（根据所需的计划表）。一种可行方法是，根据每一种可行的排序进行模拟运行，然后搜集运行数据统计，查看哪一种排序的运行是最佳的。不幸的是，要检验的可行排序多达 25，也就是：

15 511 210 043 331 000 000 000 000

这并不是你所能实施运行模拟的数量范围（即使忽略对每一种方案都还需要成百上千次模拟）。在此情况下，一个更为现实的方法是运用最优化算法（类似于对完成任务所花费的时间做出固定的假设），这一点我们将在第 8 章讨论。最优化算法（或许运用某个敏感性分析方法）会让你将可行的排序方案范围减少至合理的数量，在此数量范围内的排序能良好执行模拟。考虑到可变性，你可通过对这一小部分解决方案运行模拟模型，查看它们是如何执行的。为了真正地明确某种模拟或最优化模型是否是给定问题的最佳方法，你需要询问自己在哪里“行动”。如果问题的复杂性在于系统自身的多变性和动态性，而需要做出的实际选择的数量和范围都比较小，那么模拟很有可能是一种非常好的解决方法。如果输入的变动性很小或者可忽略不计，而选择的数量和范围均很大时，那么应该采用最优化方法。要是有人不幸地遇上这种情况——输入具有高度的变动性和动态性，同时选择的数量大且范围广泛，他可能就需要做出某些权衡，并且寻找可充分利用这两种技术的创新方法。

模拟模型具有十分广泛的应用领域。你可能在 Excel 中构建了模拟却浑然不知。假如你建立具有 Rand（）功能的电子数据表后，然后按 F9 键数次，查看会发生什么，你就已经创建了模拟模型。一种常见的 Excel 模拟会关注公司的销售额、业绩情况或产品。模拟还应用于医院的急诊室，来确定病人的等待时间以及医生和护士的忙碌程度。零售商店也运用模拟，以便于观察顾客在商店内的移动模式和顾客结账所花费的时间。仓库为了解卸货门的拥挤程度，也创建了模拟。它还广泛地应用于自然科学，以便于人们更好地理解化学反应、天气模式、药物疗效等。应用模拟的例子可谓不胜枚举。

前面几个运用模拟的例子有一个共同特征：直接对变动性进行建模，这一点非常重要。当你对医院急诊室进行建模时，你意识到它充满了各种变动性，比如病人到达医院的情况是变化的，同时治疗每个病人的时间是变化的。这些因素使得急诊室管理变得非常困难，而模拟能帮助你认识变动性所带来的影响。

为了理解模拟，你应该认识静态模型和动态模型之间的差异。静态模拟是这样一种模型：人们无需担心系统的时间维度问题，也不需要对特定事件的互动进行建模。例如，Excel 中的模拟就是静态的，对于经济增长和销售小组业绩的，它通过运用随机生成的项目来确定下一年度的收入。描述这种模拟类型的常用术语是“蒙特卡洛模拟”。此方法的主要思想是，存在一个你想要预测的某种结果，比如某个投资组合的收益效果。在此预测中，存在很多需要考虑的动态因素，包括整个市场的业绩、特定行业的业绩、特定公司的业绩、货币汇率等。由于这些因素中的每一种因素都是不确定的，至少你能做的是用概率分布来刻画其特征，不可能利用纯数学方程来预测该投资组合的收益效果。然而，如果你知道每一种潜在因素的数值，那么计算收益效果就是轻而易举的事。对此，蒙特卡罗模拟会进行数千次的试验，在每一次试验中得出潜在因素的值（根据概率分布），并计算每一次试验的投资组合的收益效果。经过足够多的试验后，该模型就能提供一个相当准确的估计值（包括变动性）。

另一方面，在动态模拟中，要从时间变化角度考虑系统以及系统中各种元素是如何交互作用的，这一点是非常重要的。运用动态模型的最常见方法称为离散事件模拟法。回想一下急诊室那个例子。与蒙特卡罗模拟案例不同，可变性的关键来源（病人抵达医院的情况、需要治疗的时间等）是无法简单地从概率分布中获取的，也无法代入方程中。追踪病人到达医院的情况、所提供的治疗等信息都要考虑时间因素，这是关键之举。如果某位病人占据医生的治疗时间特别长，那么那位医生就没有时间来为另外的病人治疗。因此，在离散事件模拟中，需要一直记录所有变动因素的来源，熟知什么时候医生是忙碌的，还有什么时候他们有空来做其他的事。正如听起来事情很快就会变得很复杂的那样，这的确很复杂。根据你想要建立的模型系统的不同，你可能有大量的交互需要跟踪，也存在大量的点具有随机性，系统行为也可能随着模拟的不断运行而不断变化。许多强大的软件可以为你处理如此复杂的事情。然而，你应该认识到，只有了解商业、熟知建模的技术过硬的数据分析专家，才有能力让软件准确地处理模型，并且由于这些模型中跟踪的数据是如此之多，它们所需要的运行时间也很长。

## 尾注

1. 参看第 1 章尾注 7。另外，也可以参看 2012 年 5 月《连线》杂志的文章“A/B 测试：技术改变商业规则”，这篇文章提供了 A/B 测试的崛起及其对公司文化影响的一些有价值的洞察力。

2. 这同样来自尾注 1 所提到的《连线》杂志的那篇文章。

# 第7章 案例分析：《点球成金》与最优化

要使传统上局限于专家团体的话题成为主流，最行之有效的方式就是通过大众文化来传播。烹饪界的名厨和热播真人秀的出现，帮助我们理解了这一点。十年前，当你遇到某个称自己为“美食家”的人时，你可能还会不解地望着他。类似地，像房地产、家居装饰、拍卖等领域，各种不同的电视真人秀促使人们对这些可能先验知识很少的领域，有了更为详尽的认识和理解。就数据分析领域而言，大众文化导入最成功的案例莫过于迈克尔·刘易斯（Michael Lewis）的畅销书，以及后来由布莱德·皮特（Brant Pitt）主演的电影《点球成金》。

那本书讲述了奥克兰运动家职业棒球队几个赛季的进程，故事主要围绕他们多年的总经理比利·比恩（Billy Beane）。运动家职业棒球队在2000年和2001年都杀入季后赛，但每个赛季过后，由于无力支付能与其他提供更多资金的球队相竞争的薪资，他们正失去队里一些最顶尖的球员。虽然如此，从2002年至2006年，运动家职业棒球队还是赢得了五年中三年的分区赛（同时完成了另外两个赛季），尽管事实是他们的工资总是还不及竞争对手的一半。本书认为，赢得比赛并非因为运气，也不是因为比利·比恩或者他的队员的内在棒球智慧，而是很大程度上，可能因为该组织致力于利用数据分析帮助指导决策，同时以最好的可行方式利用有限资源。

根据其“优美的挥动”或“强壮的身体”来判断球员的日子已经一去不复返。运动家职业棒球队开始强调关于球员表现的实实在在的数据。在所有的重要运动中，棒球已成为具有最大量的统计信息项目之一。你可以追溯一百多年前，找到一名投手的赢球、输球、防御率以及三振出局（strikeouts，也称为三击未中出局。译者注）的资料。你也可以找到一名击球手的击球率、本垒打、打点数以及盗垒的统计资料。这些传统的统计资料已经多年被用于判断一名球员的价值，而且在很大程度上，将决定球队要付给一名球员多少薪水。最近几年，一小群用统计数据思索的人重视起追踪更多一些的统计资料。例如，一名投手可能通过上垒率（也就是，（保送数+安打数）/投球局数）追踪，而对于一名击球手，整体攻击指数（上垒率+长打率）则是用于判断一个有意义的统计数值。各种棒球统计资料已被编写成一系列书卷，实际上这个研究领域通称为“棒球资料的统计分析”（Sabermetrics，这个单词源自于美国棒球研究学会（Society for American Baseball Research）的缩写 SABR，译者注），我们也可将它看成是数据分析中非常小的子领域。

比利·比恩和运动家职业棒球队所做的是，真正钻研各种可用的统计资料（描述性分析），并试图判定对促进赢得比赛来说，哪些统计资料是最有意义的（预测性数据分析）。然后，他们将那些赢得比赛的统计资料与那些市场上被用来补偿球员（依据薪资和交易价值）的统计资料相比较。简单地说，一个重要的发现是，击球率高和盗垒多的球员很可能被高估，而能够打出本垒打的上垒率高的（尽管可能击球率低的）球员则被低估。这导致了运动家职业棒球队追求那些相对低工资，但是在其判断价值的统计资料上有成功记录的球员。

长期以来，从事棒球运动的人过去和现在都极力反对这种做法。但是，虽然运动家职业棒球队总是棒球界工资最低的球队之一，却很难辩驳他们赢得多场比赛的能力。此外，没有真正研究过这种方法或误解这种方法的人，还常常对运动家职业棒球队正在做的事描绘讽刺漫画。仅仅理解运动家职业棒球队 21 世纪初的几条最终战略，而不理解其方法论和方法的批评者，还可能会说，运动家职业棒球队的战略就是“拥有一群保送多、三振出局多、打出本垒打多的胖子”。从许多层面上看，这是不对的。并没有偏爱胖子（那些可能盗垒不多的人），只是意识到盗垒没有帮助你赢那么多。本质上保送多未必是一件好事，但是可以在不需要击球率高的时候维持上垒率高。击球率高在市场上被高估了。三振出局也不好，但是没有必要沉湎于此，只需球员能在他没有三振出局的时候做正确的事。最后，毫无疑问，打出本垒打是一件好事，因为最坏的情况也保证得一分。

除了曲解运动家职业棒球队那些年的战略，部分批评者更严重的错误是没有抓住要领。关于如何建立这支球队和以什么样品质来估价一名球员，比利·比恩并没有预想的观念。如果分析证明盗垒的能力被市场低估，那么我们打赌运动家职业棒球队将追求那些球员。比恩决定尽力试图获取那些用来预测球队胜利的统计资料，然后聚集一支能让运动家职业棒球队在预算限制内赢得最多比赛的球队。数年已过，更多球队学习运动家职业棒球队的成功之处，战略必须改变，因为市场已不再低估球员以前被低估的品质。

《点球成金》是数据分析一个极好的案例，这是因为它详细论述了运动家职业棒球队如何利用描述性数据分析和预测性数据分析，使自己与更有战斗力的对手球队相比获得优势。从这本书中看不清楚运动家职业棒球队在多大程度上利用了预测性分析（也就是最优化）决定球员名单。要想彻底弄清楚最优化如何能够应用到这个问题，这个案例提供了一个精彩的导入介绍。

当然，比利·比恩和他的球队要权衡一名球员的预测价值和他们将支付给他的薪资，以此决定哪些球员值得留用。毫无疑问，他们希望对这支球队获胜的次数进行最优化（也就是最大化），但是尚不明确这个过程中他们是否使用了正式数学。

为了对这个问题提供一个基于最优化方法的例子，假设我们跳跃一下，使用单独的统计资料来预测一名球员能使这支球队获胜的次数。本书作者不是棒球资料的统计分析者，因此如果我们选择错了，在此道歉，但为了论证，这里我们将选择 VORP（替换球员比较值）。VORP 是想判断一名球员相较于替换球员有多大的价值。很明显，关于这名虚构的替换球员将提供什么成就水平，存在许多争论和歧义。但是，这个想法其实简单地说，打个比方，一支球队可能期望从一名能填补职业大联盟位置的替补球员或小联盟球员那获得成就。一名 VORP 高的首发球员意味着如果球队失去了这名球员并由替补球员替代他，那么这支球队将会输掉更多的比赛。也就是说，例如，你的首发三垒手 VORP 是 8，这意味着，如果他受伤了被阵容中一个普通替换球员（某个来自替补球员或以前在小联盟的人）替代，则一个赛季预计少赢 8 场比赛。因此，我们假设，我们认为最大化预期获胜的最好方式是我们全部首发球员的 VORP 加以最大化。

受限于预算约束，我们的最优化问题是对 VORP 加以最大化。如果我们考虑的每一名球员都有已知的 VORP 和薪资，那么这个问题就完全像众所周知的被称为“背包问题”的最优化问题。为了理解背包问题，你可以想象这个问题名字的起源。假如你将要去长途旅行，需要决定你的背包里放什么，而背包最多只能承受一定的重量。你有各种各样能放进背包的东西，像衣服、睡袋、剃须膏、手电筒等，每一样都有不同的重量和不同的价值。如果你放入大的睡袋，那么你可能就没有地方放手电筒。决定物品怎么组合，将产生最大价值而且适合这个袋子，是一个有趣的最优化问题。这类问题出现在很多地方。

在体现棒球队员花名册的背包问题中，每名球员的重量就是他的薪资，每名球员的 VORP 就是他的价值，而背包的尺寸限制是预算约束。解决这个问题的一种朴素方法可能是运用“贪食试探法”。你可以想象获得每名球员的 VORP，并用他的 VORP 除以他的薪资来得到每名球员的“性价比”，然后你可按这个数值的降序将这些球员排序，同时在花名册上增加球员直到你不再有足够的预算能容纳下一名球员。随后，你可以跳到那个可能仍然符合你预算的球员。当不再有可能符合你预算球员的时候，任务结束。这个方法和许多其他贪食法的问题是，它们会让你陷入困境。比如，2002 年（《点球成金》的首要主题）这支球队有近4000 万美元的工资总额，那个时候，棒球界最好的球员大概是阿莱克斯·罗德里格兹（Alex Rodriguez），他的薪资大致为2200 万美元。尽管阿莱克斯·罗德里格兹的 VORP/薪资比率在联盟中是最高的，运动家职业棒球队的最佳战略是追求阿莱克斯·罗德里格兹，但这样做也极不可能，因为如果他们追求成功了，他们将用 50%以上的工资花费在这名球员身上，而无法加入其他高价值的球员。如果所有 VORP/薪资比率极高的球员都不是基于高 VORP 而是基于低薪资的情况，相反，那么就会可能产生类似的问题。在此情况下，贪食法可能导致整支球队都是极低薪资的球员，从而剩下未使用的预算。这样，你的 VORP/薪资可能被最大化，但你的真正目标的 VORP 却没有达到。

事实上，运动家职业棒球队将要面临的问题可能不是纯粹的背包问题，因为还有一些必需要考虑的额外约束。棒球运动员之间不是完全可以替换的，因为他们打特定的位置。如果全用扮演游击手角色的球员填满整支球队，这个方案显然不是一个非常好的解决方案。我们更想用每一个位置上适量的球员来填满球队。简单地说，假设我们只关心首发阵容，这可能就意味着，每个位置上都需要一名球员（C，1B，2B，SS，3B，LF，CF，RF）以及需要一些投手（这个会因不同赛队而异，我们假设有五名首发投手和六名替补投手）。于是，我们得到下面的最优化问题：

目标：最大化 VORP

约束条件：总预算

对每个位置分配的球员数量超出希望的数量

每名球员只被分配一个位置

选择：哪些球员将被列入球队花名册，哪个位置分配给该球员

数据：每名球员的 VORP

每名球员的薪资

每名球员合适的位置

（注意，我们将在第 8 章“规范性数据分析（也就是最优化）”中更详细地讨论最优化目标、约束条件、选择以及数据。）

这个问题可以很容易系统地表述成混合整数规划（第 8 章将更详细阐述这个问题）。已知可以选拔的职业棒球大联盟的球员数量不到几千人，一个商业数学求解软件可在几秒内解决这个问题。倘若所述假设成立，所得

结果提供了最好的可能球员名册，此结果会最大化期望胜率。

当然，在我们尚未考虑的已经和运动家职业棒球队签订合同的球员、自由球员（也就是他们可以和任何球队签订合同），还有已经和其他球队签订合同的球员等条件的情况下产生一个现实的球员名册是不大可能的。不过，作为一种指南名册，在未来可能具有指导意义。

好消息是，我们可以对最优化模型进行补充，加入更多的现实约束，比如我们目前的球员名册和其他球员（自由球员，或者与其他球队签订合同的球员）的状态。最保守的模型假设，我们锁定了所有与我们签订合同的球员，并且我们只能追求自由球员。在此情况下，即使大多数球员已经确定，也仍然存在许多选择，因为有许多自由球员，而且很多球员还可以打多个位置。因此，可能存在很多球员和可能位置分配的组合。更为可能的是，我们假定所有目前签订合同的球员并不受限于我们的球队（我们可以与其他球队交换一些球员）；同样，所有与另一支球队签订合同的球员也不受限（我们可以交换那些球员）。所以，从管理角度来看，锁定合适的球员并为其他球队提供合适的球员，这是组建团队的工作。我们也可以想象，应当对可交易和交换的球员总数量进行限制，因为球队之间交易球员是一件很棘手的事。

正如你从这个讨论中所看到的，关于运动家职业棒球队如何利用最优化做出更好的决策，存在许多需要考虑的因素。可能没有那么明显的是，你应该将最优化模型看成是一种决策支持工具，而不一定是决策工具。也就是，别想着将影响决策的因素都加入到最优化模型中，单击“运行”按钮，然后就有一个程序提出唯一的最好答案。相反，当将最优化模型看成是能让你探索多种不同解决方案的途径，每一次你单击“运行”按钮，它就会分类整理所有的可能性，并对给定一组输入值给出最好答案，你可能得到一个交易七名球员的极好解决方案。在此情况下，你可能想改变模型，以便它能给你至多两次交易的最好解决方案。也许方案之间预计获胜的差别只是三场比赛，所以这样做是值得的。

很有可能的情况是，运动家职业棒球队和其他职业运动队已经利用数学最优化来帮助指导有预算约束的球队决策。然而，至今为止，在职业运动中，大家主要专注于描述性数据分析和预测性数据分析，还没有看到有运用规范性数据分析领域的书籍。在第 8 章，我们将更详细地探讨规范性数据分析。

# 第8章 规范性数据分析（又称最优化）

规范性数据分析是将数据作为输入项，然后推荐一个解决方案。也就是说，规范性数据分析帮助你决定要做什么。规范性数据分析通过将你所拥有的全部各种不同选择进行分类，帮助你做出决定，然后回到最好的方案来实现既定的目标。你可以创建一个规范性数据分析系统，使其嵌入运行系统，其结果会自动地执行而不用人为干预；或者你可以战略性运用它，将结果在执行之前呈现给决策者来审查和决定。从本质上看，规范性数据分析是数学最优化的同义词，我们将交替地使用这两个术语。

就我们自己的经验而言，规范性数据分析在某种程度上是数据分析家族中被忽略的孩子（好像 Jan 在《布雷迪早午餐》电视剧中容易被忽略一样，而剧中其他年长成员则被记住）。有趣的是，如果你在 LinkedIn 上已发布的工作中查找关键词“数据分析”，你会发现许多雇主寻找统计、概率、商业智能等方面的技能，可是很少有人专门询问最优化技能。出现这种情况是不幸的，因为最优化如果恰当地应用于正确的问题，已经一次又一次地被证明为各种不同形式的、大小不一和不同目的的组织创造了巨大的效益。在接下来一些段落中，我们给出两个解释性例子来帮助阐明这一点。

最优化方法被忽略了，这是因为人们认为，如果他们可以做出很好地理解一个问题（描述性数据分析）或预测未来如何发展（预测性数据分析）的工作，那么他们就拥有选择最佳的可行解决问题方案的能力。实际上，当选择存在数量很少的时候，这可能是正确的，但是在许多情况下，选择的数量非常庞大（由于组合的特性，往往导致可选择方案的数量非常惊人）。让我们回到运动家职业棒球队筛选球员名册的问题上（参看第 7 章“案例研究：《点球成金》与最优化”。假设运动家职业棒球队有 25 个可能的球员作为首发投手和 5 个位置。当人们知道这里加起来有超过 53 000 种可能组合需要考虑时，一定会感到震惊。对于要研究的数学最优化来说，实际上这是非常小的数，但是仍然远远超过人类所理解的程度。当你投入资源有限时，如此数量的选择也很难挑选。

在许多情况下，我们可以看到需要数据分析的全部三种形式：第一种数据分析形式，描述并理解历史数据，第二种数据分析形式，预测未来在各种不同情况下会发生什么事情并做出科学的估计，而第三种数据分析形式，则是对成千上万的可能选择进行分类，并朝着结果最好的方向努力。不幸的是，似乎许多人在数据分析领域主要只看前两种数据分析形式。

我们的建议是，认识理解数据非常好，如能对未来做出准确的预测就更好了，但是你不应该在此止步。利用规范性数据分析来增强决策能力，可以提供最终的竞争优势。

假如你是最优化领域的新人，你可能还没有意识到，在日常生活中你经常接触到最优化。比如说，当你在谷歌、必应、苹果或其他地图服务寻找路线时，就正在使用最优化。在你输入起点和终点后，内部的地图服务查询所有的路线，然后告诉你应该选择哪一条路线。地图服务也会通过绘制地图和路线来提供描述性分析。地图服务也可以运用预测性数据分析来预测开车的时间和交通状况。然而，它更需要规范性数据分析在起点和终点之间推荐一个最优的线路。

数学最优化有效而广泛地应用于众多的各式各样的企业和组织，既有大型企业也有小企业。在金融领域中，人们运用数学最优化来构建更优的资产组合。在制造业中，人们利用数学最优化安排生产规划。在交通运输业中，人们使用数学最优化装载货车和规划路线。电视台使用数学最优化来决定哪一个时间段卖给广告商，如何收取费用，广告应该如何排序。美国职业棒球大联盟则利用数学最优化制定行程，以便使旅程最短，收入最大，同时满足逻辑上的约束（例如，芝加哥白袜队和芝加哥小熊队不能在同一个晚上打主场球）。

像我们在第 7 章所提到的运动家职业棒球队那样的背包问题，具有众多不同的应用。

现在有许多关于火星任务的讨论：如果你将载着宇航员的飞船看成一个背包，那么就会有相同的问题。任务的计划者需要谨慎地决定飞船装载多少食物、水、药品和科学设备，以使成功完成任务的概率和人员生还的概率最大化。

金融领域中背包问题的例子是：考虑 CFO 一年中只有有限的资金来投资于许多不同的项目，而每一个项目有各自不同的投资金额和回报率。在这种情况下，最优化问题就是在有限的资金条件下，使预期的总收益最大化。有限的资金就相当于背包的大小。

对于市场营销中的背包问题来说，假设你是一家大型消费品公司的营销副总裁，在你的桌上有许多关于潜在营销活动的建议。你的分析部门会彻底研究过去类似的营销活动是怎样运作的，其中包括你自己的公司和其他公司。在此基础上，结合人口统计数据和行业趋势等，分析团队预测了每个营销活动引发的销量提升的期望值。现在，考虑到每一次营销活动有不同的成本、销量提升的期望值以及你自己有限的预算，那么你该选择采用哪个营销活动呢？

在建筑行业，假设你是一个住宅开发商。你知道买家会为某些高级产品支付更多（花岗岩吊顶、高端家电、壁炉等）。你评估了使用每一种升级产品后预期销售价格，还有建筑成本的增加。你有一个严格的施工预算。你会选择增加什么升级产品呢？这又是一个背包问题。

前面所有的例子都是背包问题，这只是最优化方法众多应用的一个外观掠影。

下面例子阐明了在一个完全不同的背景下最优化方法的力量和价值。在医学领域，数学最优化在癌症治疗中的成功应用令人十分惊讶。具体地说，斯隆·凯特林癌症纪念中心和佐治亚理工学院的一个研究小组获得了2007年度的爱德曼奖，这是由运筹学和管理科学研究所颁发的年度奖。[1] 这个团队获得该奖是因为使用最优化方法构建了近距离放射疗法的改进过程，是一种将放射“种子”放入肿瘤的治疗方法。在前列腺癌的治疗中，团队开发了一种方法对这些种子的数量和位置进行最优化。这个方法有很了不起的结果。首先，它通过微创手术（所需缝针减少15%，种子数减少25%～30%）减轻患者痛楚，术后并发症减少45%～60%。其原因是改进后种子的放置位置对于肿瘤周围的健康区域有更少的影响。其次，这个新颖的最优化过程节省了医生术前用于手动规划放置种子的数量和位置所花费的数个小时的时间，也缩短了实际手术的时间。除了拯救生命和提高生活质量，仅效率提升而节约的花费成本，在美国一年也多达数亿美元。

另一个例子是记录在史蒂夫（Steve Sashihara）的《最优化边界》中。这个例子说明不一定非得是大公司才能获得最优化的好处。Jan de Wit公司是一个巴西公司，它是球根花卉的批发生产商。在20世纪90年代早期，除了自己的常规业务，该公司开始种植少量百合。大约十年后，这家公司有大约30人在这个领域工作，由于要在知道需求之前就从荷兰的供货商那里购买球茎，而且不同品种的球茎需要在不同环境的温室中种植等复杂工序，这是一项相当复杂的工作。这么复杂的生产计划过程是由公司的所有者手工完成的。受到圣保罗大学一些对最优化富有热情的人士的启发，Jan de Wit公司开始利用最优化项目来计划生产。应用的第一年，收入增加26%，边际贡献上升32%。

本章的其余部分将对于什么是最优化和最优化是如何发挥作用的内容，帮助读者更深刻地理解认识。最优化方法论也会为您提供思考解决问题的结构框架。

## 8.1　什么是最优化

就像“数据分析”术语一样，“最优化”被频繁地使用，在许多情况下就有变得毫无意义的风险。在几乎所有的商业环境下，管理者都会对提升企业感兴趣。当利用项目来提高企业机能时，很自然地就会提到对企业机能进行最优化。我们这里并不是训斥，或者告诉读者应该是用什么词，但是最优化作为数据分析中的一个学科，应当与只是简单说“要努力改善什么”这样随意的使用区分开来，我们坚信这样做是十分重要的。

韦氏字典将 optimization 定义为“制作某种东西（作为一种设计、系统或决策）的行为、过程或方法尽可能完全完美，运转良好且十分有效；具体地说，要有数学过程参与其中（如发现函数的最大值）。”正如你们所看到的，这个定义强调了这不仅仅是直接试图改进一个“设计、系统或决策”，相反，它特别指出要使其“尽可能完全完美，运转良好且十分有效”。此外，它提到了涉及数学过程的事实。

最优化是规范性数据分析子类中我们所讨论的重要学科。回想在预测性数据分析中，我们寻求指导来帮助决策，而最优化是试图探寻基于算法的决策方法（就像史蒂夫在《最优化边界》中所说的）来代替 3H：历史（history）、直觉（hunches）以及等级（hierarchy）。

向那些没接触过这个领域的人解释最优化的时候，我们经常使用的结构是引入缩略词 TLC + D（目标、约束条件、选择 + 数据）[2]。也就是，最优化是通过做出选择，在满足约束的条件下来达成目标。这个过程的关键是数据的使用。将这个过程与基于算法的方法特性相结合，我们将最优化定义如下：在满足所有已知约束条件下，使用基于算法的数学方法来推荐那种能使所定义的目标最大化或最小化的一些决策。

## 8.2　最优化 = 目标、约束条件、选择 + 数据

在这一节，我们严格地（但愿不是沉闷地）解释 TLC + D 结构。有两个原因可以解释为什么要这样做。首先，对于那些以前没有接触过最优化的人员来说，我们相信这是讲授最优化的主要构件元素以及理解认识什么是最优化的一个很好的途径。其次，用这些术语来思考问题，可以很好地帮助我们澄清和设定我们所要解决的问题是什么、我们要得到什么、以及

我们必须要考虑的关键因素是什么。如果一个团队没有认真理解和限定最优化的目的，什么应该考虑与什么不应该考虑，决定什么是固定的、什么是可改变的，还有什么信息可用于支持这些决策与什么信息不可以，任何有前途的最优化项目都可能迅速消失。讨论、辩论和定义最优化问题的每个部分，有助于澄清项目的目标，设置合理的期望，这是获得成功的关键因素。

### 8.2.1 目标

当评估给定问题的解决方案时——一个好的、差的或者一般的解决方案，应当能计算解决方案所能提供的价值，我们称之为目标。最优化算法涉及对所定义的目标最大化或最小化。

由于我们需要用系统化方法来比较一些目标（我们需要算出最好的那个），这些目标同样必须能用数学形式表达出来。这样做的过程本身就是一个有价值的训练，因为它可以使决策者执行严谨和有纪律的思维过程。如果目标不能用数学形式表达，这可能表明它本质上有点模糊，因此团队应该更加具体地定义它。对于给定的商业问题，理解和定义适当的目标或许是设计良好的优化过程中最关键的因素。总之，目标如此关键的原因是，最优化算法是冷酷无情的。我们指的是什么呢？绝大部分的优化问题是利用数学算法来解决，这里的数学算法要被编写成软件。对于给定的问题，这些算法就是寻找解决方案，尽可能实现给定的目标——这是它们存在的唯一目的。算法就是想方设法冷酷无情地改进目标，没有细微差别，没有“是的，但是”。在已经约束条件下，该算法将采用任何方法改进目标，无论改进的数量有多少。

例如，假设你正在管理汽车租赁业务，你的车队代表了资本投资。你知道，从本质上看，为使你的资本投资获得好的回报，就需要较多次地租赁你的车（也就是需要使每辆车都有较高的利用率）。在车队中，需要有多少辆车是一个关键问题。假设你的侄女这个夏天恰好从大学放假回家，她刚刚上过数学最优化的课程，提出要利用这个强大的分析方法来帮助你解决这个问题。她询问你，你的最优化目标是什么（或者她可能会用专业术语问你，目标函数是什么）。你告诉她，你希望对你车队的利用率最大化。她说，“很好”，然后利用一个星期的时间来认真构建数学模型，以便对车队的效用最大化。一周之后，她非常兴奋地回来了，带来一个可以使你的车队能够达到100%使用率的方案。听到后这个信息之后，你非常震惊，问她怎样才可以实现。她回答说，如果你的车队中只有一辆车就可以实现。

在这个例子中，最优化算法求解了问题。你的侄女使用它来实现车队利用率最大化，最优化算法也做到了。当然，没有人可以声称，可以找到解决方案使车队利用率高于 100%，同时也不难相信，如果在租赁点你只有一辆车，就可以达到 100% 的利用率（也就是，总会有至少一辆车的需求）。问题是虽然利用率无疑是跟踪汽车租赁管理有价值的指标，但至少在这种情况下，作为最优化模型的主要目标并不合适。将最优化算法看成一个极其熟练的射手，他在最好情况下可以保证射中靶心，（一般情况下）至少可以是信任的，他会尽自己所能接近靶心。因此，将目标放在正确地方是非常重要的。将目标放在错误地方，这将可能产生没有改进作用的解决方案——很可能使情况变得更糟。我们使用另一个类比，为了创建开车路线，谷歌地图上的算法总能提供一个好的路线。然而，如果你想去伊利诺伊州的斯普林菲尔德，却输入密苏里州的斯普林菲尔德作为目的地，那么所生成的路线是不会有什么实际作用的。

在公司中，最优化目标经常与特定的关键绩效指标（KPI）联系在一起。对于不同层级的管理人员来说，关键绩效指标是快速了解公司做得怎么样的特定参数。关键绩效指标的目的在于为管理者提供组织运作得好或差的一种指标，依据的是关键绩效指标和目标测量值的差距。正如汽车租赁管理例子一样，一种可能情况是，有效的关键绩效指标（例如利用率）不见得能作为最优化的目标。某些关键绩效指标可以很好地应用于某些业务却与其他很多业务相冲突，而且有可能与组织的主要目标相偏离。当一个组织的不同部分拥有不同的关键绩效指标，而且这些关键绩效指标还相互冲突时，很多经典的例子就会发生。考虑一个制造公司，生产经理基于产出有一个关键绩效指标，仓库经理基于库存的减少量有一个关键绩效指标。生产经理有一次生产大批量产品的动机。这将减少生产线的转换同时最大化产出。不幸的是，这个政策与仓库经理的目标直接矛盾，因为仓库经理会收到大量的产品放入仓库很长时间，进而导致他的库存关键绩效指标表现很差。在这种情况下，如果你的最优化问题是优化生产计划，你就应该至少拥有两个目标，也就是使生产最大化与使库存最小化。

在几乎所有的数学最优化教科书中，最优化问题经常使用单一目标。（用数学术语来讲，目标被称为目标函数。）然而，正如你在制造公司例子中所看到的一样，大多数现实中的问题是多目标的最优化问题。下面给出一些这样的例子：

- 投资者希望使预期收益最大化，同时使风险最小化。
- 零售商希望使店内可用性最大化，同时使过期或者打折库存最小化。

- 运动队希望工资总额最小化，同时赢率最大化。
- 航空公司希望使飞机航班上乘客数量最大化，同时也使顾客满意度最大化。

## 多目标最优化问题

考虑多目标最优化问题，存在几种不同的研究方法。在某些情况下，一种可行方法是将各种不同的目标赋予权重，然后通过对权重求和来创建一个组合目标。例如，假设你知道，第一个目标的重要程度是第二个目标的两倍，而第二个目标的重要程度是第三个目标的两倍，在这种情况下，可创建一个组合目标（第一个目标 +0.5 × 第二个目标 +0.25 × 第三个目标）。然后，你可以对组合目标加以优化，求出对合适赋予权重的三个不同目标的解。

尽管这看起来似乎是解决多目标最优化问题的简单而直接的方法，但这个方法存在几个问题。首先，各种不同的目标可能会使用不同的衡量单位，这使得很难确定权重。假设一个航空公司的目标有利润（用美元衡量）、准点率（用百分比衡量）以及客户满意度（用调查平均分数衡量）。即使在“最简单”情况下，也就是是 CEO 决定这三个目标拥有相同的权重，这意味着什么呢，你需要将利润中每一美元与准时到达率的每一个百分比、客户满意度的一个百分比对应起来，这可不是一件容易的差事。即使测量单位这个障碍可以被突破，你还需要避免随意设置权重。我们看到过，对各种不同目标赋予了不同的权重，然后组合成单一的值的情况。举例来说，《美国新闻》的每年大学排名有一系列目标（SAT 分数、校友捐赠、规模大小等），这个杂志对每一项赋予一个权重，然后对权重分数计算求和，并分数排序。这个系统忽略了下面事实，即没有客观的方法来设置权重，同时一旦设置不同的权重则会得到截然不同的结果。谁来判断哪一个最好呢？

幸运的是，运用多目标最优化方法存在几种有发展前途的方法。一种常见的方法就是，找出哪一个是真正的“第一重要”目标，但要对其他目标设置约束条件或约束，以便所得到的求解方案处于可接受的水平上。比如，假设航空公司的 CEO 设置利润最大化为目标，但要求准点率必须至少为 80%，客户满意度平均分必须至少为 5 分中的 4 分。当这些约束发生变化时，一种好的实践做法是执行敏感性分析。（比如，如果将准点率减少到 75%，利润将会提升多少呢？将准点率提升至 82%，利润会怎样呢？）另一种方法是“分层优化方法”。在这个方法中，我们连续执行最优化程序，每次一个目标，从最高的优先级的目标到最低的优先级的目标，利用每一步所得到的结果来创建下一步的约束条件。为了说明这一点，假设 CEO 决定利润是首要目标，顾客满意度其次，准点率最后。一种可行方法是建立如下的最优化程序：

- 求出一个提供最大总利润的方案；
- 求出一个提供使顾客满意度最大化的方案，但其导致第 1 步中所得到的利润减少不得超过 $x\%$。
- 求出一个提供使准点率最大化的方案，但其导致第 1 步中所得到的利润减少不得超过 $x\%$，同时其导致第 2 步中所得到的顾客满意度减少不得超过 $y\%$。

当然，通过执行敏感性分析也可以改进分层优化方法。当目标的顺序发生变化或者你所选定的 $x$ 与 $y$ 值改变了，你会考虑探索解决方案。

最后，也许解决多目标最优化问题的理想方法是我们称为“多目标最优化”的方法。在这种情况下，关注点不是放在得到单一的解决方案，而是放在得到一系列可供选择的被认为是帕累托最优的解决方案。帕累托最优解是一种如下情况：你不可能在提升一个目标的同时不使另一个目标变得更糟。例如，假设航空公司的例子中有一个可行的解决方案为 1 亿美元的利润，准点率为 78%，平均顾客满意值为 4.1。如果存在一种解决方案，可以提升一种目标（比如利润上升）但其他目标不会变得更糟(也就是，准时到达和客户满意度至少分别为 78% 和 4.1)，那么上面的解决方案就不是帕累托最优的。帕累托最优解就是那样的情况：没有免费的午餐……你不可能使一个目标变得更好而不牺牲另外一个。多目标最优化算法则提供了产生一系列帕累托最优解的方法。这个方法十分有价值，这是因为它可以帮助你在目标之间正确地进行有效权衡，得到你如何评估不同目标的明智选择，以及使你认为你的解决方案达到了最好的平衡。倘若果真如此，为什么还要考虑其他方法呢？我们并不推荐经常使用多目标最优化的原因主要是其本身的技术性。首先，绝大多数的软件包和最优化求解程序都没有封装这种方法。因此，多目标最优化通常需要有技术非常好的人员来创建算法。其次，随着目标数量的增多，所用到的算法形式从计算方面来看会很快变得极其复杂。根据我们的经验，当只考虑两个目标时，这些算法在许多问题上都是非常有效的；但当目标超过两个时，就变得很不实际了。在多目标最优化分析中，最初使用两个目标问题有另外一个好处是，权衡的结果可利用图形来揭示出来，

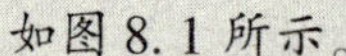
如图 8.1 所示。

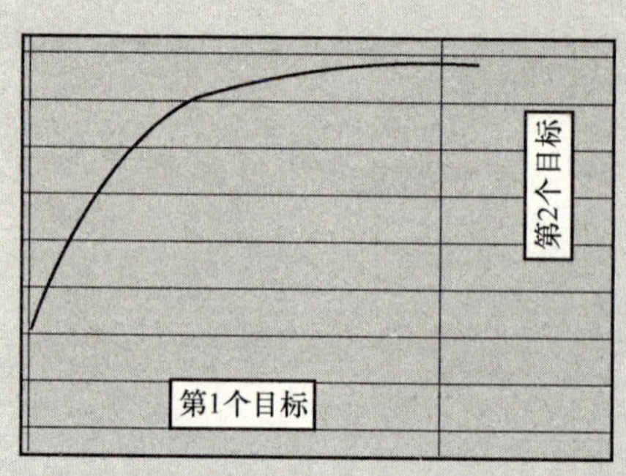


图 8.1 两个目标权衡的例子

正如在前面描述性分析中所讨论的那样，在认识理解数据和做出良好决策方面，可视化结果具有巨大的价值。

## 8.2.2 约束条件

如前所述，在对问题所述的目标进行最大化或最小化时，最优化算法是冷酷的。如果现实问题的约束条件或限制，不能以算法所认可的方式给予清晰明确地加以定义，则那些约束条件或限制会被忽略。最优化方法很受欢迎的应用是收益管理领域（在第 9 章，我们将讨论收益管理）。最典型的和旅游产业相关（比如航空公司、酒店、租车等），收益管理涉及创建一个动态定价策略来使公司的收益最大化。如果收益管理的公司的价格制定较低，该公司应该会出售更多的产品（座位、房间、租金等）以获得更多的收益。揭示价格敏感度（针对价格变化的预期销售单位）是预测分析的一项任务。鉴于这种关系，最优化的任务就是指导最好的定价策略，以此最大化收益（价格 × 所售的单位数量）。

这看起来是非常简单的问题。假设你对所售的单位数量和价格之间关系的预测如图 8.2 所示，当价格上升时，预计销量会下降。为了计算收益，只需要计算到曲线上东南方向一点长方形的面积，如图 8.3 所示。

此时最优化问题可以归结为在曲线上寻找一个那样的点，该点可得到面积最大的长方形。可以想象，只需要在 Excel 中列出曲线上一系列不同点，可以非常容易地求解那个点。或者，如果这个曲线可用一个易于理解的数学公式来定义，那么可以通过写出收益公式（价格 × 所销售数量），同时借助于微积分求解极值点（求一阶导数并令其等于 0，解出价格的值）来得到。

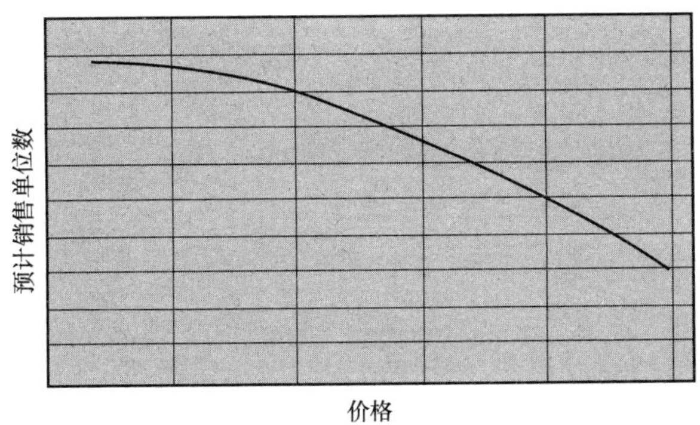


图 8.2　需求曲线

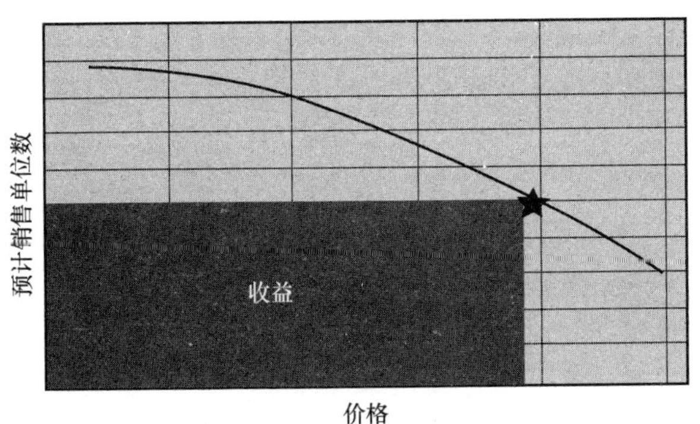


图 8.3　需求曲线上的收益计算

然而，在现实生活中，这种使收益最大化的简单方法很可能漏掉问题的某些重要方面，因而所提供的建议无法执行。一个很简单的例子，假设你正在制定酒店客房的价格，收益最大化决策显示，应该每晚以 200 美元的价格卖出 300 个房间，而酒店只有 225 个房间，那么这就不是一个有帮助的建议了。

酒店房间数量的约束条件是十分明显的，而且这在最优化模型中很容易表现为数学约束条件。对于绝大多数问题，包括这个问题，一种可能情况是：会有一些不太明显但是却十分重要的约束需要考虑进入。在航空公司、酒店、汽车租赁的例子中，你需要考虑的子类的约束（头等舱还是经济舱；套房、豪华房还是双人房；大型、中型还是小型车）。你还需要创建某些约束来反映替代的能力（比如，如果你没有小型车，你可以提供一个中型车给需要小型车的顾客，但是你不想为需要中型车的顾客提供一辆小型车，或者至少你不会情愿这么做的）。最后，在这些特定的问题上，你需要确保约束反映了时间维度的现实。具体地说，你不能销售已经过去的日期的飞机上的座位、酒店的房间，或租过去时间的一辆车。一旦航班起飞了，或者一天过去了，这些东西便不能再出售。这点似乎显而易见，但是除非你将这方面因素考虑进最优化问题中，并建立合适的约束表现这个事实，最优化算法将会继续将卖上周航班座位的收入计入总收益中。

理解和设定约束条件是最优化模型成功的关键。对于商业决策来说，在执行最优化项目的过程中，一种明智的做法是，在开始时就花时间寻找到这些约束条件来补充模型。然而，根据我们的经验，预先找到所有的约束条件是不可能的。总会存在一些你不会立刻想到的约束条件，只有当你开始回顾所推荐的解决方案，或者拥有深入商业知识的人过来说，“因为X的缘故，我们不能（或不愿）这样做”时，你才会发现。当那个时候，就需要由团队决定是否将这个额外的约束条件加入此模型。

例如，我们实施一个客户项目，该项目的目标是优化顾客需求地点到服务中心的分配。对于某些最初的解决方案，尽管这位顾客所在的城市就有服务中心，但存在将顾客分配到另外一个城市的服务中心的一些例子。从最优化的角度来看，这是合理的，因为此服务中心的容量是有限的，如果我们将这名顾客分配到他“所在城市”的服务中心，其他几位顾客就需要被重新安排，这样整个的运营成本会增加。尽管考虑到这种可能性的划算因素，来自公司的资深经理明确表示，这在实际中不会发生，因为这对于顾客和运营团队来说都太不直观了。因此，我们把这个约束条件加入优化模型中：如果在顾客的城市有服务中心，顾客必须被安排在这个服务中心。这样所得到的解决方案与管理的预期相一致。

理解“硬”约束和“软”约束之间的差异是十分重要的，同样重要的是，将所有用于问题的重要约束条件表述出来。硬约束是指我们在任何情况下都不可以违背的。如果一个解决方案违背了任何一个硬约束，那么就认为此解决方案是不可行的。另一方面，软约束被认为是你要坚持的约束，但可能仍然有某种回旋余地。尽管你更倾向于不违背任何约束的解决方案，但是一个只违背软约束的解决方案仍然可能执行。我们经常看到，公司将所有约束当成硬约束。经常出现的情况是，当将各种约束都作为硬约束时，团队却发现，这些约束在过去的实践中经常被违背。当所有的约束被认为是硬约束（作为一种理想状态）时，判断什么是可行的解决方案是一种有用的练习，可是当将真正的软约束视为“软”的时候，存在两个理由应该对模型进行评估。首先，对于所有约束都是硬约束的问题来说，当然很可能没有可行解，尽管了解这一点很重要，但是这会置你于没有推荐的解决方案的境地之中。其次，即使存在满足所有约束的可行解，仍或许存在那种以相对良好方式来看，只是违背一些软约束但却表现更好的一些解决方案。

为了解释软约束与硬约束之间的区别，让我们看一下经典的车辆路径最优化问题。假如你有许多需要配送给不同地方顾客的货物，这些货物有各式各样的大小，顾客对货物到达的时间也有不同的期待（比如周一上午 9 点至 11 点）。其他参数包括货车容量、固定成本、货车每行驶一英里的消耗以及在不同地点之间的驾车时间。已知这些参数，最优化方法被用来寻找一种解决方案（卡车路线和时间表）实现货物投递的最低成本。两个约束条件应该是十分明显的。首先是货车的容量。当货物的总体积超过卡车的容量时，你不能将货物放在货车上。其次，另一个约束条件，应该使得向每个顾客的投递时间处于顾客所期望的时间段。你可将这两种类型的约束都看成硬约束，以此来开始你的分析。当你这样做之后，一是可能没有同时满足两个约束条件的解决方案。第二种可能性是，为了满足某些顾客的货物投递时间，你必须以很低的使用率派出货车。假设这样一种情况，一辆货车需要派给唯一有投递货物的一个顾客，货车只有 10% 地方装满货物。很明显，这看起来似乎并不理想。现在你可能期待将时间窗口看成软约束的另一种可能性。也许这个解决方案的结果不会存在低使用率（装满 10%）的货车，但是投递给顾客货物的时间会晚 10 分钟。这可能是一个很有吸引力的权衡。这些软约束通常通过规定违背约束而受到惩罚来实施。在此例子中，你可以使用投递到所需时间窗口之外每分钟的成本。然后，最优化算法会考虑到这个成本与规划货车路线（货车的数量和行驶里程）的成本。在一些情况下，公司可能要有被用于惩罚的成本（例如，沃尔玛会按照合同惩罚供应商，如果供应商错过送货的时间窗口），而在另一些情况下，在设置这些惩罚时，要讲讲究一点艺术。商业最优化解决软件可以使执行软约束和做带有惩罚实验变得相对容易，以便所得到的解决方案平衡了满足这些约束条件与整体解决方案质量之间的权衡关系。

就这个话题而言，最后我们需要注意的是，对规划者来说，将软约束与硬约束放在一起可以形成一个有效的策略。在前面的例子中，假使你想要做出邮件迟到一分钟，就会罚款 5 美元的惩罚。此外，你想要求在任何情况下，邮件都不能迟到超过 90 分钟。最优化模型可以很容易地将有期望邮件时间窗口及违背时间窗口而罚款的情况与软约束合并，加上第二个（硬）约束，即设置最后可行的邮件到达时间不能超过期望时间 90 分钟。

### 8.2.3 选择

选择（用数学术语来说，称为决策变量）是你想要利用最优化算法提供的那个推荐建议。简单地说，选择就是你要决定的事情。实际上，利用最优化方法精炼出不同的值以供选择，确保这些选择的值不违背你所设置的任何约束条件，计算一系列选择的目标值，然后比较不同选择的目标值，进而选出最好的那个。

回顾第7章中《点球成金》的那个例子，运动家职业棒球队要考虑遴选哪一位球员进入名单，同时为每一位球员指定位置的选择。就像常见的情况一样，从建模角度来看，很微妙的一点是，只有第二组决策才是真正的决策变量。假设每一位球员都要被指定一个位置，如果你决定每位球员的指派，那么你就含蓄地决定了遴选名单（也就是，入选名单正是被指派位置的球员的集合）。在前面关于租车的例子中，对于最优化模型所呈现的选择是每类车辆的数量。可供选择的数量会很大程度地告诉你，是否值得应用复杂的最优化模型。如果只有几十或几百个选择，那么一个熟练掌握电子表格的人员可以实际将这些选择进行枚举，并选出最好的一个。例如，假设运动家职业棒球队只是关心遴选三名球员进入名册，同时存在10个可行球员共人们选择并填补那些名册。在此情况下，所考虑的组合数为10！/(7！×3！)=120。建立电子表格模型来测试120种可能性，这样的选择可能有点乏味（我们不知道简单的Microsoft Excel函数是否能产生组合的列表），不过这样做肯定是可行的。另一方面，如果运动家职业棒球队有10个入选名单，100个球员可供选择，在这种情况下组合数是：100！/(90！×10！)=17，310，309，456，440。这个电子表格的运算很快从乏味变得不可能了。最优化算法的能力之强（坦率说，有不可思议的魔力），对这样规模的问题运用现代软件能在几分钟之内解决。

在你想要利用最优化方法解决任何问题时，很明显，识别和记录可供备选的选择是一个至关重要的因素。在某些情况下，这看起来是非常简单的练习。然而，在许多情况下，这会产生一些歧义或者额外的问题，这些问题需要用完整地定义最优化模型的决策变量来解答。例如，在课堂上经常讲授的最优化建模的一个经典问题是护士排班问题。基本上，护士排班问题是一个涉及护士具有不同技能、工资率、可用性的问题，同时在不同区域要排满换班，要求如何指派护士的换班能使总成本最小化。在最简单情况下，你可以考虑对每名护士、每次换班确定一个选择：“这次换班用这个护士吗？”如果你建立这个模型，这正是一个二值决策变量，意味着它只可能取两个值（是或否）。一般地说，在这个模型中，人们使用0和1来表示二值变量。然而，假设你在这个问题中添加了更多的复杂性，例如假设一次换班没有指派护士是可能的（尽管这不是首选的，而且会因此在某些方面受到惩罚）。无论给定的换班是否有人，你将需要将它加入你的选择集（还是作为二值决策变量）。另一种可能性是，你将雇佣临时人员加入某些换班来补充。你可能会对雇佣临时人员参与整个换班加以限制，你要想出一些新的选择，在这些选择中确定有多少次换班是临时人员参加。在此情况下，你将整数决策变量加入到模型之中。这意味着，变量可以用任意整数表示（例如0，1，2，…）。最后，在这个例子中，假设临时人员工作时间非常灵活，且愿意工作任何时间（不仅仅是这个换班）。在此情况下，选择就是雇佣临时人员多长时间（包括分数时间）。于是，这些选择可用连续决策变量表示，这样的变量可以取任何（非负）值，包括分数。

不论是目标还是约束条件都依赖于你对选择的定义。从数学形式上看，目标（目标函数）可以被写成选择（决策变量）的函数。换句话说，如果你知道决策变量的值，那么必须可计算目标的值（如利润、成本、顾客满意度等）。类似地，约束条件（约束）会在某种程度上限制选择。一般地说，约束条件可被写成不等式的形式（≤、=或≥），决策变量可出现在方程的一边或两边。

### 8.2.4　数据

如果没有合适的数据，最优化方法就没有用武之地。几乎所有人都听过“垃圾进入等同于垃圾出去”这句话。在计算机软件爆炸式增长的时代，这句话非常流行，它反映出这样事实：一个软件程序的输出或者解决方案只可能与软件输入的信息一样好。但是，在某种程度上，对于最优化模型来说，问题要比这个更加严重。很明显，如果某个过程是在提供“垃圾输出”，那么决策者就会简单地放弃那个垃圾信息，并以其他方式继续做决策。当所遇到的是非常大且极为复杂问题时，你利用最优化模型是非常有用和有价值的。在这些情况下，所推荐的解决方案是否为“垃圾”，这一点并不明显或不容易辨别，因为最优化的目的是提供实施行动的具体建议，所以只有实施行动后，你才会发现解决方案的效果到底如何。

当你观察最优化问题的数学公式时，所有的数据看起来都一样（也就是，它仅仅是储存于表格中的数字、数组、矩阵等）。然而，至少从一个定性角度来看，我们认为最优化模型中使用的数据可以分为两大类。第一类数据是可直接输入模型且有某种确切含义的。当你考虑利用最优化问题做出一些运营决策时，很可能有这种类型的可用数据集合。再回头看看规划货车路线以便完成一系列投递工作的例子，输入到最优化模型的大部分的数据是第一类数据，包括投递点列表，货物的大小（重量、体积等），各个投递点之间的距离，可用的货车及其承载能力等。对于这些数据集中的每一个数据点，可能存在一些不确定性或近似，但在这种情况下其含义是，数据就是数据，它可以直接输入到模型之中。

对于最优化模型来说，第二类数据实际上是指我们所称的模型的参数。在此情况下，你运用数据表示进入模型的抽象或者近似。在许多方面，这可能很微妙，但是我们相信这是有区别的而且这种区别是有意义的。当你使用参数时，更应该认识这些元素的不确定性和变化的特性，进而了解这些值如何影响解决方案。另外，这些模型参数需要进行敏感度分析和假设分析（对此，后面详细讨论）。回到投递问题上，从性质上看，这里存在几个数据与之前列出的不同。当设计车辆路线时，重要的是要知道各个投递点的距离和不同投递点行程时间。正如上面所说的，距离这个数字可以直接输入到模型当中。当然，司机可能决定改变路线，或可能会有小的变化，但在 GPS 功能广泛普及的时代，地点之间的距离很容易知晓和确定。另一方面，各个地点间的运输时间是比较难以确定的。你充其量也不过做出一个大致估计而已。运输时间很大程度上依赖于交通状况等。许多服务器（比如 Google）看起来考虑了交通状况等因素来估计运输时间，虽然做得更好一些，但这仍然很难给出精确的值，而且这种状况会一直持续下去，直到自动驾驶变得普及。所以，如果你要对车辆路线进行优化，就需要行车时间的数据，但选择哪些数据还不清楚。如果你使用“最优案例”的时间，或者是平均时间，假如司机遇到了比预期更严重的交通拥堵，那么你将面对晚交货物的风险。然而，如果你计划的是“最坏案例”的时间，那么司机的时间表上几乎肯定会有空闲时间，因为他们不太可能在整个路线上都遇到交通阻塞。最优化模型的另一个重要元素是所采用路线的成本。为了简单起见，假设每辆车的成本为固定成本加上每行驶一英里的成本，然后再加上货车每个小时的成本。这种成本结构在自己运营车队的公司是很常见的。对于模型来说，这些成本参数非常重要，因为这决定了对各种不同的可行解决方案的权衡。想象一下，解决方案构建了一条十分紧凑又有效率的路线，但是需要许多货车才能这样做。这个解决方案会产生很高的固定成本，但可变成本（里程成本加上时间成本）相对较少。另一方面，另一种不同的解决方案可能需要较少的卡车，但是路线就没那么有效率了（货车在相距很远的各个地点间行驶更多的路程，花费更多时间，而且也没有装载许多货物）。你输入的成本数据（固定成本、每英里的成本、每小时的成本）显然是十分重要的，因为它们将推动算法产生解决方案。然而，对于那些十分熟悉货运的人员（或组织中非常熟悉成本计算的人员）来说，如何达到运用模型所得到的成本并不是一门精确的科学，这一点非常清楚。在本例中，你所使用成本将涉及许多因素，如购买或租赁货车的成本、折旧、维护、酬劳和司机小时工资、燃料成本和燃料效率。这些因素中的每一个都有某种程度的不确定性、近似性，或者需要一些假设才能得到模型中使用的数字。另外，这些值或许会随着时间与地点不同（燃油价格）而变化，或者受到其他难以持续测量的因素（如行驶里程可能依赖于货车的轮胎膨胀程度）的影响，这些数值都会发生变化，实际上这些数字将永远不会完美，因为在现实中没有所谓完美的情况。尽管存在这些不确定性，你应该记住，数据是达到目的的一种手段，而不是目标本身。我们的目标是得到问题的解决方案。因此，识别带有不确定性的数据是非常重要的，努力了解不确定性的程度，最重要的是，认识理解这些参数是如何影响解决方案的。当你需要重新审视你的数据假设，或者为确保或完善解决方案而做敏感性分析时，这会帮助你分析。

在最优化模型的文章中，你会看到数据隶属于其他三个元素。目标将几乎必然一定包含数据——也就是，目标是用结合了数据的决策变量的数学函数刻画。类似地，约束条件将被表示成数学不等式的形式，这里数学不等式则是将决策变量与数据结合起来。

## 8.3 TLC + D 应用：每个人都爱吃比萨

为了从头到尾详细地解释如何使用 TLC + D 结构建立最优化问题，我们在此阐述课堂上经常使用的一个小例子。这个例子是考虑在当地建立一家比萨店的相关问题。在这家比萨店，你既可以坐下来用餐，也可以订外卖或从冰柜中购买预制的冷冻比萨饼。为简单起见，我们假设餐厅只出售两种比萨：奶酪比萨和至尊比萨。冰箱的容量是有限的，早上的时间利用烤箱制作比萨会耗费时间，还需要厨师参与，这两种资源是有限的；不同种类的比萨有不同的边际利润；最后，假设这些比萨都很美味，需求是无限的。

如果情况是可获利润高的比萨（如至尊比萨）需要投入的资源（烤箱和劳动力）较少，那么最佳的策略相当简单：在冰箱中，填满至尊比萨。然而，事实上准备至尊比萨需要更长的时间（切更多的蔬菜等），同时为了使蔬菜和肉煮熟，使用烤箱也需要烤制更长的时间。因为可获利润高的比萨需要更多资源，而资源是有限的，所以你面临一个重要的问题，即在早上那段时间，将每一种类型的比萨各做多少量放入冰箱之中。

### 8.3.1 目标

对于比萨店来说，目标是使利润最大化。对于任何一种选择，你都要加总你所获得的收益，然后挑选出使利润最大的一组选择。

### 8.3.2 约束条件

正如上面所提到的，冰箱的容量是有限的，可用的烤制时间是有限的，可用的劳动力时间是有限的。

### 8.3.3 选择

你可以选择的是，在冰箱中储存多少奶酪比萨、多少至尊比萨。

### 8.3.4 数据

最优化模型所需的数据，可以总结成两个表（表 8.1 和表 8.2）

表 8.1 利润率与容量

| | |
|---|---|
| 每个奶酪比萨的利润/美元 | 4 |
| 每个至尊比萨的利润/美元 | 5 |
| 冰箱体积（比萨量） | 95 |
| 最大可用烤箱时间/min | 3000（10 个烤箱，每个可用 5 小时） |
| 最大的准备时间/min | 840（7 人，每人 2 小时） |

表 8.2 资源消耗量

| | 冰箱（比萨量） | 烤制时间/min | 准备时间/min |
|---|---|---|---|
| 奶酪比萨 | 1 | 30 | 6 |
| 至尊比萨 | 1 | 35 | 12 |

### 8.3.5 数学公式

现在，对于这个问题，你有如下所述的 TLC + D，利用数学公式可直接写出。首先，你要定义两个决策变量（选择）：

· 设 $C$ 表示储存在冰箱中的奶酪比萨数量

· 设 $S$ 表示储存在冰箱中的至尊比萨数量

运用这些定义，你可将目标（目标函数）和约束条件（约束）写成数据和选择的组合：

目标：使利润最大化 $=4C+5S$

约束条件：

冰箱容量：$C+S\leqslant 95$

烤箱容量：$30C+35S\leqslant 3000$

准备能力：$6C+12S\leqslant 840$

这个公式可利用著名的线性规划写出来。线性规划经过多年来的研究和探索，几乎成为最广泛应用的最优化技术。如上式所示，你可考虑检查各种不同的 $C$ 和 $S$ 值，确认那些值没有违背约束条件，然后查看每一种选择的利润是多少。

接着，我们将讨论求解这类问题的各种不同算法。比萨店的例子非常简单，所以可用手工计算，可是现实问题则因显得太复杂而很难用手工计算。

## 8.4　最优化算法的类型

对于某些问题来说，存在知名的最优化算法能保证提供最佳的解决方案，这些方法称为精确算法。不幸的是，对于许多问题，精确算法是不可行的或不实际的。在某些情况下，存在那样一种算法，该算法能保证某一特定因素达到可行的最佳解决方案，这些算法称为近似算法。在其他一些情况下，对于解决方案的质量，所用的算法并不能有精确的数学保证。在这些情况下，我们依赖于应用该算法和没有应用该算法之前所得到的效果之间比较来判断优劣。这些类型的算法，通常称为启发式算法。

很明显，对于所有的最优化问题来说，人们更倾向于拥有精确算法（毕竟，为什么你会不想要一个确定的最佳解决方案呢?）。那么，为什么你还要使用近似算法或启发式算法呢? 回答要涉及复杂理论领域的知识。鉴于我们篇幅的限制，我们这里的描述只能非常简化（对于下面文字，向我们研究生院的教授道歉）。基本解释如下：存在一些问题有某种意义上“快速”的精确算法，还有许多问题没有“快速”的精确算法，数学家也不知道是否可能创建“快速”的精确算法。所谓“快速”就是随着问题规模的增大，算法找到有解决方案的时间不会大到“爆炸”。采用更为数学形式的说法，快速算法被定义为在多项式时间内可解。根据沃夫朗线上数学百科全书（Wolfram MathWorld）的说法，“一个算法称为以多项式时间可解的，

是指对于某个 $k$ 为非负整数，如果对于给定输入，完成这个算法的步骤数是 $O(n^k)$，其中 $n$ 表示输入的复杂度。将多项式时间算法称为‘快速’的。”

### 8.4.1 精确算法

如前所述，精确算法是指能为给定问题提供最优解的一种算法。在某些情况下，可用的精确算法不胜枚举。根据问题的类型和解决方案的可能值，(理论上) 可以尝试每一个可能值。如果你简单列举问题所有的可能解决方案，然后挑选出最大化目标或最小化目标的那个，你就一定能获得最优解。存在一些问题可以使用暴风算法。首先，许多问题没有离散数目的可能解决方案可以尝试，因此不可能有枚举方法。其次，即使有有限个可能的解决方案，这种方法也只是用于相对较小的问题，而许多实际问题的可能解决方案的数目要比宇宙中的原子还要多。很明显，枚举方法并不能算作一个“快速”算法。在这些情况下，需要一个更好的计划。幸运的是，数学家和运筹学研究者（含其他学科的专家）在过去的 80 多年非常活跃，开发出了能解决大型问题的算法。

对于需要做最优化（如果他们有这类问题）的大部分人来说，第一次都是通过线性规划（或者其紧密联系的分支——混合整数规划）接触的。线性规划（LP）提供了一种用代数的语言数学化地表达最优化问题的方法。有时我们的语言有点草率，将 LP 描述为解决问题的方法，精确地说，它提供设立问题的方法。有一些使用 LP 构建起来的算法，经过了长期的研究，也有一些非常强大的商业软件做这些。前面的比萨问题就是用 LP 写的。使用 LP 建模的基本规则是目标函数（目标）和所有的约束（约束条件）必须只包含决策变量（选择）线性的代数表达，决策变量可以取（连续的）线性值。这意味着，你可以将变量乘以一个常量，你可以加上或减去一个变量（常数因子的倍数），但你不可以将两个变量相乘，不可以使用变量的指数形式，不可以使用一些数学函数，如取对数、求最大值最小值等。混合整数规划（商业解决软件也非常擅长）和 LP 一样，除了多了一个额外的约束，即一些（或者全部）的决策变量必须是整数值（不可以是分数）。回顾比萨的例子，加入 $C$、$S$（奶酪比萨和至尊比萨的数目）为整数的约束，你就可以看到，它实际上应该使用混合整数规划模型。

就精确算法而言，当确定找到的是最优（最好的）解决方案时，存在一个数学的证明。随着算法类型的不同，数学证明也会有所不同。例如，当用线性规划算法解决问题时，通过将解决方案与原始问题的相关问题的解决方案作对比，来证明最优性是一种比较典型的方法。具体地说，对于每一个求最小化的线性规划问题，都有一个对应的最大化问题（反之亦然）；这就是所谓的对偶问题。可以证明（通过数学逻辑证明），对偶最大化问题不可能比原始的最小化问题有更大的值。另外，可以证明，原始问题的最优值与对偶问题的最优值是相同的。因此，如果你求解原始问题的最小化，同时求解对偶问题的最大化，你一定有如下的确定性结论，当两个值相等时，你就得到了最优解。

在其他一些情况下，可能可以利用其他数学逻辑来证明算法是精确算法（即保证提供最优解决方案）。数学家会使用各种方法证明，一个算法能保证提供最优解决方案。有些方法会涉及代数或几何的性质，而另外一些方法可能更加依赖于逻辑性。例如，对于某类型的最优化算法（例如，调度优化算法）来说，一种证明方法是所谓的反证法。为了运用这种方法，你首先假设已知算法将得不到最优解。然后，通过一系列的逻辑论证得到一个不为真的结论。一旦这个不为真的结论被推演出来，你可以得到结论：你的假设是错误的，那么算法一定能得到最优解（正是你想证明的）。

对于数学家如何开发和证明算法的精确性，对此给予任何合理的评价都已经超出了这本书所讨论的范围。这里你所需要知道的要点是，人们经常随意地使用最优的、最优化的这两个词。重要的是要知道，如果用于寻找解决方案的算法是精确算法，那么你将会知道，已经找到给定问题的最佳的数学解决方案。如果有一个声称自己找到最优解的人其实是依据他或她的直觉，或者轶事证据来开始的，它可能仍然是一个有价值的解决方案，但是需要更大程度的审查，以确定是否还有改进的机会。

### 8.4.2 近似算法

正如前面所提到的，许多最优化问题不存在已知的“快速”（多项式时间）算法。更令人沮丧的是，最好的数学家、运筹学研究者和计算机学家并不知道，是否能创建这些问题的快速算法。然而，这些专家可以证明有一整类最优化问题，如果这些问题当中的一个有“快速”算法，那么这些问题都会存在一个“快速”算法。另一方面，如果从数学上可以证明，这些问题中的任意一个没有“快速”算法，那么你就知道，为这些问题中任意一个创建“快速”算法都是不可能的。在应用数学和计算机科学等领域，是否能够为这些问题创建快速算法是一个重大的未解决问题。事实上，在 2000 年的时候，克雷数学研究所将这个问题（连同其他 6 个问题）当作千禧年数学大奖问题，每解决一个问题就会获得 100 万美元。到目前为止，七个问题只解决了一个，但不是这个问题。

介绍这个简短背景是为了进一步解释创建近似算法的动机。基本的思想只有一个：存在许多问题，你不知道如何保证快速地找到最优解。对于这些问题来说，研究人员提出了一个不同的想法。这个想法是，是否能够开发算法，尽管不能保证最好的解决方案，但能保证某个特定的因素是最优的一个解决方案，而且是快速找到。

想象这样一种情况：你拥有一个相当难的问题，需要找到最优解决方案。你将这个问题交给分析人员，并且只是告知没有已知的快速算法能解决这个问题。然而，你告诉他有一个好消息：你确认提供最优解的快速算法的结果与最佳可行解决方案的差距不超过10%。考虑到问题的复杂性和重要性，这可能是一个很好的解决方案。如果你所面对的问题，没有已知的快速精确算法，那么快速近似算法可能是一个好的选择。另一种情况是，当快速精确算法存在，但是那个算法在理论上是快速的而实践中却并不行，此时近似算法或许是合适的，而近似算法在实际应用时很快，具有良好的可证明范围。

为了将理论和实际应用区别开来，我们回到对快速算法的定义上。如果所用算法的步骤数可以写成输入数目的多项式的形式，我们认为它是理论上的快速算法。例如，我们说一个算法的步骤不会超过$I^2$，其中I表示输入的数目。然而，一个不超过$I^{1\,000}$步的算法也是多项式时间算法，但是，这就是理论上所考虑的快速算法。你可以认为，理论上的快速就是有限的计算能力可以解决问题，如果你有那样的计算能力，那么你就能很快地解决问题。然而，你可以认为，在理论上不是快速的算法，在最坏情况下需要无限的计算能力。然而，在实践应用时，计算能力的限制基于当前的技术状态、对于那些资源的预算等。因此，一个算法在理论上是快速的，当将它用于现实世界中利用计算机实际求解问题时，有可能因解决问题所需要的时间太长而会变得不切合实际（假设你正在试图创建下周的时间表，如果一个精确算法需要两个星期解决这个问题，那么这就没有什么实际价值了）。在这些情况下，使用近似算法要比精确算法更加合适。例如，假设你有一个问题，在最坏情况下用精确算法求解有$I^{1\,000}$种可能，而近似算法在最坏情况下有$I^2$种可能，且解决方案确保是处于最优的1%之内。很明显，依据具体情况来看，后者更为可取。

### 8.4.3 启发式算法

“启发式算法”术语包括了非常广泛的经常用于求解最优化问题的多种技术。与精确算法不同，启发式算法不能保证找到问题的最佳解决方案。

和近似算法相比，启发式算法也不能保证某个因素达到最佳的水平。那么，为什么还要使用启发式算法呢？下面我们给出一些理由：

• 正如前面所讨论的，对于你可能要研究的问题来说，没有已知的快速精确算法，或者精确算法在理论上是快速的，但在实际应用时并不是。

• 可能有一种情况，那就是没有已知的快速近似算法，或者近似算法理论上是快速但在实际应用时不能实现。

• 也有可能出现的情况是，近似算法所提供的保证在实际应用时并没有用。当然，近似算法的目标是提供“接近的”近似，一旦做出任何保证，从技术形式上看这就是一个近似算法。所以，如果你给我们提出的问题是对成本进行最小化，而我们提供的算法则确保和最佳解决方案的差距在 100 万美元之内，你可能会认为我们的工作并没有什么用途。

正如我们所讨论的，启发式算法的缺点是，通常我们仅有这类算法所提供的解决方案质量的经验证据。不过，启发式算法有一些优点：

• 启发式算法通常很容易理解。

• 启发式算法应用广泛。

• 好的启发式算法通常会提供“好”的结果——这里的含义是指，和之前解决问题所采用的过程或者针对决策过程利用专家的主观评估方法相比，启发式算法提供了相对更好的解决方案。

• 启发式算法在实际应用时表现得很快（或者应该表现得很快）。

从本质上看，由于任何不属于精确算法或者近似算法的算法都可以被认为是启发式算法，在这本书中，我们甚至不可能描述启发式算法的一小部分。然而，我们想描述一些最广泛使用的启发式算法类型。这样做有两个原因。首先，启发式算法在现实世界被广泛使用的一个原因是，它们能够快速且成功地提供许多不同最优化问题的良好解决方案。其次，我们在这里讨论它们的部分原因是提供警示。这些算法有听起来有非常科学的名字，确实也是由很强大的研究人员通过不断努力改进它们的表现（不论速度还是解决方案的质量）而得到的。正因为如此，新手可能会夸大它们的数学精度。最后，这些算法仍然是启发式的，对于此类算法所提供的质量保证，没有从数学上加以证明。因此，在使用启发式算法时，应该持有一定的怀疑态度，或者至少考虑一下现实情况。

我们不可能介绍所有用于求解最优化问题的启发式算法。接下来，我们简要描述三个最广泛使用的启发式算法类型，但没有提供算法及其应用的细节阐述，这些内容可以参考关于这些主题的课程和书籍。我们这里的目的是引入主题，同时定义一些词语来试图阐明这些听起来非常科学的术语，并对运用它们所能提供的内容设置适当的预期。

**1. 遗传算法**

遗传算法是启发式算法中的一类，它试图使用生物进化的思想来解决最优化问题。这类算法背后的思想是，保持可能的解决方案的数目，然后通过一些模仿生物学的技术，生成新一代的演化成为更强的解决方案。这样做的主要方法是“交配”。这是指采取各种不同的解决方案，然后允许通过将“父母”的特点相融合而创建“孩子”：将解决方案 A 的一部分与解决方案 B 的一部分相结合而创建子解决方案 C。相对于生物过程来说，在这个结合过程中有几个明显的优势。首先，你不局限于只有两个父母一个孩子。你可以决定采用多个父母解决方案结合来生成子解决方案，这是很有利的（想象一个疯狂的科学家想要将迈克尔・乔丹、史蒂芬・霍金、查理兹・塞隆和史蒂夫・格拉芙的 DNA 结合起来，创造一个天才的、美丽的世界级运动员）。同时，也可以创建许许多多子解决方案，而无需等待好几个月。一般地说，解决方案的数目会保持在一个合理的范围，而算法的每一步只会保留拥有最合理的最强结果的解决方案。就算法而言，它所展示的另一种技术是突变。本文中涉及的突变是指选择一个随机的解决方案，随机地改变这个解决方案的一些部分。这又一次模仿生物进化，一定数量的随机突变通常可以提高解决方案的质量，正如一定数量 DNA 的随机突变对人类能力有积极的影响一样。

遗传算法有其逻辑来决定哪些解决方案会被留到下一代，选择哪些解决方案相结合，决定结合时会发生多少交叉、发生多少变异，以及什么时候算法最后终止。正如生物物种的进化提高了它们生存的机会，遗传算法是为了使解决方案最能满足给定问题的既定目标。

**2. 模拟退火算法**

模拟退火算法的名字是来自和加热、冷却金属有关的热力学过程，这个过程使得金属“缓慢”降温，而最终的产品产生缺陷甚少。将这个启发式算法运用到最优化问题中的基本思想是：开始你有一个原始的方案，允许这个方案有意义地跳转（意味着你用具有明显不同特征的方案进行尝试），希望找到解决方案更好的“邻域”。但是随着时间流逝，你在做缓慢降温，方案的跳转更少，或者更不可能，倾向于待在自己的“邻域区”（类似的解决方案）并找到“邻域”中最好的解决方案。记住，这些算法不能保证找到最优的解决方案，但当应用这种方法时，通常这不是一个可实现的目标。模拟退火算法旨在合理的时间内找到好的解决方案，这些算法在许多情况下都已经被轶事形式所证明。

**3. 禁忌搜索算法**

禁忌搜索算法属于启发式算法中的一种，被称作本地搜索（这种算法找到一种问题的解决方案，然后拿“本地”的其他方案作对比，看看是否有改进的可能）。许多本地搜索启发式算法本质上是“贪婪”的方法，因为它们找到其他“本地”方案，然后以此为基础移动到一个新的解决方案上，该方案有最大边际改善。禁忌搜索算法的逻辑是通过跟踪特定的解决方案，将某种程度上是“坏”的领域（比如解决方案质量差，或者违背约束）贴上“禁忌”的标签，在以后的算法运行过程中，避免了在这些领域中探索新的解决方案。

### 8.4.4　假设分析

将数学模型和最优化算法应用于求解问题的最有用的方面之一，是可以经常进行非常重要的假设分析。也就是，一旦设定好问题并利用算法求解，通常非常容易测试不同的想法，改变数据元素，探究各种不同的问题，进而考察解决方案会怎样变化。正如前面所提到的，许多人员最经常接触的最优化问题就是通过不同的 GPS 得到行驶路线。当查找路线时，你可以输入不同的标准，诸如“避免收费”“最短距离”或“最快”。这些是假设分析中简单的形式。如果合适地设置问题，那么这种数据分析就可通过算法来实现。

某些假设分析也可以看成是敏感度分析。敏感度分析通常需要对问题的某个数据做出轻微调整，然后观察解决方案可能变化的程度。考察规划送货路线问题在几种情况下最优化路线的例子，如果假设在顾客点卸货需要 30 分钟而不是 20 分钟，你可能会对最优解决方案的变化很感兴趣。于是，时间安排和路线安排会出现怎样的变化呢？会需要额外的车辆吗？在不需要重新运行算法的情况下，某些类型的最优化算法可能会自动提供敏感度的一些信息。在这些情况下，你会掌握在某些数据或约束边际变动的情况下一些解决方案如何变化的情况。然而，这通常只会给你解决方案如何变化的信息（比如成本或利润），却不会给你怎么样或者什么时候改变你的计划的指导。因此，一种非常典型的（也鼓励这么做）执行这类敏感度分析的做法是采用如下方法，即改变你要测试的输入，然后重新运行最优化算法。

另一些假设分析可能涉及更多的战略或根本性变化，和敏感度分析相比，这在本质上是截然不同的。例如，你想要固定解决方案的某部分，而这部分之前是可变的，或者你想要使某部分改变，而这部分之前是固定的。

你可以测试特定的假设事件导致解决方案如何变化。例如，假设你负责当自然灾害或者恐怖袭击发生时创建大城市的疏散计划。在做这个分析的时候，你会围绕各种不同的可能存在情况做出各式各样的假设场景。在公共交通工具工作或者不工作的假设下，考虑模型运行。你根据某些高速公路和桥梁是否正常运行，来测试疏散计划如何变化。对于航空公司制订资金计划来说，根据来年航空旅行的增长预测的不同假设，做出假设分析是非常重要的。

由于最优化是一个传统领域，这个领域的专家对于数学要比对实际应用问题（内在本质是混乱的）更加感兴趣，我们相信可能已有太多的历史强调寻找答案。事实上，没有一个最优化模型是十分完美的，更多的情况是数据不精确，硬约束与软约束界限不清，存在着各种不同的、经常竞争的目标。另外，最优化的目标是为未来的行动做出解决方案，但未来也是未知的。因此，强烈建议大家，无论在什么时候（给定时间和资源的约束），都要通过敏感度分析和假设分析练习最优化模型。如果你的整个计划依赖于某个确定的假设，而那个假设一旦不成立了，那么所有的情况都将不复存在。一种更为稳妥的方法是能提前知道做好备用计划或者应急计划，这会比临阵痛苦不堪好很多。在某种程度上，最优化算法就好像黑色的魔法盒，但这要由你来决定——你要询问正确的问题。

## 尾注

1. 我们在第 1 章尾注 13 中所曾经提到这次比赛。癌症研究的相关网址是：http://interfaces. journal. informs. org/content/38/1/5。

2. 我们感激伊夫·拉斯帝格和卡罗尔·泰特考夫将这个概念介绍给我们。伊夫将概念的起源归属于劳埃德·克拉克（Lloyd Clark）。他们创造性地使用这个术语，以便帮助更多的人知晓最优化的力量。

# 第3部分
# 结　论

# 第9章 收益管理

在这本书中，我们已经强调了数据分析的各式各样应用，但我们认为，收益管理值得用单独一章来阐述。将这一章放在最后是一种好的选择，因为它覆盖数据分析的方方面面，包括描述性分析、预测性分析、规范性分析。此外，它是一个重要的话题，因为数据分析可以帮助任何公司制定产品价格。最后，有时当没有一个很好的理由去解释价格为什么变化时，消费者能够直接看到这种类型的数据分析在价格变化中所起的作用。

从高层次来说，收益管理是制定正确的价格，以使收入最大化。需要注意的是，它是关于设置正确的价格，而非一定是高的价格。你的总收益是由所卖出产品的单价和数量来决定的。如果你回顾一下经济学的需求曲线，你可以通过制定较低的价格同时卖出大量的产品，或者以卖出少量但高价的商品来使得收益最大化。在经济学课程中，似乎每一个问题的结论（至少对于我们来说）都可以被总结成“边际收益 = 边际成本”。如果这真是现实世界的答案，收益管理就不会是特别有趣的研究领域了。那么，究竟有什么不同之处呢？从本质上看，收益管理所发挥作用的领域会严重违背经济学课程所涵盖的那些许多重要假设。首先，对于许多公司来说，这是非常重要的内容（例如航空公司、酒店等），每个单元的边际成本实际上是零或者边际的（也就是，航空公司只需要很小的成本来为额外的乘客提供固定航班飞行服务）。其次，对于同样的企业来说，在确定的时间里往往有固定数量的服务可以提供（也就是，航空公司不能再向乘客出售已经满载的飞机的座位，也不能将昨天航班剩余座位的票卖给你）。最后，经济学课程所讲授的模型，通常假设消费者对于某个物品有众多选择，而且在做选择时完全是“理性”的行为，忽略了消费者可能出于对企业的名誉、产品的质量、状态、奢侈程度等的考虑而可能支付得更多或更少。

收益管理决策经常利用数据，因而使得收益管理适用于数据分析的运用。现今，越来越多的公司利用更好的数据进行价格制定，实际上，这是越来越流行的趋势。

随着零售价格在网上可获得性的不断增强，公司可以监控到竞争对手的价格，从而迅速做出反应。对于许多标准的消费品来说，有很大的动机去制定最低的价格，低价会使得你搜索该商品时该商品会出现在搜索结果顶部。2012年华尔街日报有一篇文章曾经讨论，一些网络公司如何使用精密的软件监控价格，并确保他们的产品价格比竞争对手要低。[1]这是描述性数据分析的简单案例，也就是你通过收集数据，描述你竞争对手的要价，然后决定自己的定价策略。从一个侧面来说，你可能一直想知道：为什么零售商提供许多各种不同版本的产品，实际上是为了阻止这种直接比较价格的做法。

但是，收益管理比仅仅收集你的竞争对手的价格更加深入。像数据分析在其他领域应用一样，运用收益管理的领域是相当的多，并且已经被人们很好地探索和研究，在实际应用中长期使用。

你可以将收益管理分成四大类型：[2]

- 价格工具——利用价格工具，你可以探索需求是如何随着价格的改变而改变的，或者监测你的竞争对手，是如何进行定价和调整的。
- 预测工具——利用预测工具，你可以知道预期需求是多少。你可以看到，这是第6章“预测性数据分析”所讨论的关于需求计划工具的内容。
- 库存工具——利用库存工具，你可以尝试决定多少库存可以使用。也就是，当你拥有有限的可提供的商品（培训的席位、手表的特殊零件等），你必须决定到底有多少库存。
- 产量管理——利用产量管理，你可以尝试决定你的固定库存（或者固定的产品）有多少，你应该将库存分配给不同的群体，进而使你的利润最大化。换句话说，你从固定库存中获得最大的“产量”。产量管理会影响上面列举的所有工具，并提供一个很好的利用描述性分析、预测性分析、规范性数据分析进行案例研究的例子。我们将在本章的其余部分中进一步地讨论。

产量管理可能是这些收益管理工具中最不直观的管理工具。举例来说，监测竞争对手的价格，然后改变你自己的价格，这样做可能需要良好的系统和过程，但是其概念并不难把握：确保你的价格低于竞争对手（或在一定范围内）。然而，人们可能不熟悉航空业使用的产量管理技术，但是不难发现，某个人会抱怨航空公司或者被它看似随机机票的价格搞得稀里糊涂。在我们解释产量管理之后，你将明白究竟发生了什么。你或许仍然因不喜欢机票的报价而抱怨，但是值得少许安慰的是，至少你知道发生了什么。

就航空公司而言，看似无法解释的价格变化是由编程的数学逻辑驱动的。让我们以一个简单的例子开始，然后进行扩展讨论。航空公司知道，它在亚特兰大和达拉斯之间某个航班的座位数，它知道许多乘客都想买一张非常便宜的票。而且，一般地说，这些客户会愿意提前购买。可是，如果所有乘客都这样做的话，该航空公司知道，它将错过将高价机票出售给那些临近出发前才会购买机票的顾客。所以，如果飞机上的座位只有125人，航空公司可能只卖75个廉价座位，一旦这些座位销售出去，航空公司就会提高价格，等待剩下50个商务旅客的购买。这便解释了为什么你会突然看到价格跳跃。航空公司现在相信，它会有足够的客户愿意购买这样的机票。

当然，航空公司的运营比所展示的这个简单例子要复杂得多。航空公司经常改变机票的价格，但其基本理念是不变的。在任何时候，航空公司需要决定留出多少座位给那些愿意支付更多钱来购买机票的顾客。如果预测出更多的人会愿意购买高价票，那么低价票就会卖得更快，如果预测购买高价票的人少，那么低价票的价格就会持续时间更长。

众所周知，美国航空公司是收益管理的先驱，这并不是一件很容易的事：从20世纪60年代以来，公司一直致力于此项工作。为了完成这项工作，美国航空公司首先需要建立一个系统来追踪所有可购买座位的库存及其价格。这不是一个简单的任务，它推动了当时计算能力的发展。用数据分析术语来讲，这是描述性数据分析系统：美国航空公司可以看到所有的数据并了解每个座位即将出售的价格，同时可以看到有多少飞机航班是满员的。一旦知道座位的库存，它必须开始建立预测模型，了解顾客什么时候会购买机票，以及价格如何影响需求。这正是预测性数据分析的内容。

最后，美国航空公司建立复杂的优化模型，来帮助决定航空公司该怎么做，这就是规范性数据分析内容。针对收益管理，航空公司的最优化问题是相当具有挑战性的，但是它为解决问题提供了很好的真知灼见。

对于航空公司，最优化问题的第一部分是决定卖多少额外的座位，这被叫作超额销售，这一行为让公众疯狂。如果一个飞机航班有125个座位，那么航空公司可出售140个座位的票。它之所以这样做的原因是，事实上对于任何航班来说都会有买票未登机和取消订票的情况。预测模型有助于估计给定飞机航班会有多少这样的预期数量。在过去，多达50%的人会取消预订或不登机。美国航空公司计算，如果它没有超额销售，那么有15%的座位将出现剩余，而超额销售后只有3%的剩余。当然，在决定额外销售的座位数量的时候，航空公司实际是在赌实际的登机人数，如果出现乘客被挤下航班时，航空公司要给予赔偿。现在，一些航空公司有非常严格的变更或取消政策。因此，在这些地方，它们不需要超额销售，这是因为它们仍然会从飞机航班的剩余座位中获取收益。

一旦额外座位的数量确定了，规范性模型就必须决定在每个价格上有多少座位是可用的。这些系统是动态的，在系统获得更多信息后会及时地进行调整。许多年前，美国航空公司每天进行50 000次价格变动。在这点上，系统会自动完成绝大部分的工作，并且标示例外情况，供管理人员查看。早在我们开始运用机器学习这个术语之前，航空公司就已经这样做了。

最后注意的是，尚不清楚大型航空公司在没有进行收益管理的情况下能否生存。这本书的作者之一，在20世纪80年代后期，收到一封来自美国人民捷运航空公司副总裁的来信，里边讲述了一则关于收益管理起到重要作用的故事。人民捷运航空公司开展一个提供热门航线点对点的单人低成本票务的业务（避免了大型航空公司的轮辐式结构）。这个业务模式只能在公司将全部座位卖出去的情况下才是可行的，如果不能将座位全部卖出去，那么会因票价太低而无法收回成本。这位前副总裁回忆起，当时的恐慌来自于一家大型航空公司（如果没记错，就是美航）采用了一种更好的收益管理模式来与他们竞争。这家大型航空公司可以提供一定数量非常廉价的机票（去填补那些座位，要不然空着也是空着），然后留下足够多的座位给商务旅客（这些旅客可以保证航班飞行仍有利润可赚）。这导致人民捷运航空公司的旅客被大量挖走。仅有少数部分乘客以及大部分空座，这导致了人民捷运无法在这场商业竞争中坚持下来。除了让大家看出收益管理的力量外，还要说明数据分析的重要性。如果你可以创新性地运用数据，用强大的工具进行分析，你就能够改变一个行业（当然，行业也在持续地发展演变，西南航空在没有利用收益管理的情况下也扩张得相当大。在欧洲，当前，一些低成本航空公司，通过在飞行途中收取各种服务费用，在没有进行收益管理的情况下看起来也发展得很兴旺，例如选座、提供饮品、检查行李等）。

当然，你可能认为西南航空公司提供了一个反例，西南航空之所以能够发展壮大，基本上是依靠公司点对点的单人廉价票的航线。然而有趣的是，在公司发展壮大的时候，它的定价架构也越来越接近收益管理实践，具有多层次的定价。当我们越来越迷恋数据分析的时候，记住像西南航空这种用策略以及良好的人力资源实践获得商业成功的案例也很重要。

补充说明，航空公司需要不断调整其收益管理策略。《大数据》一书引用一则关于Farecast公司的故事（目前Farecast公司成为Bing公司的一部分），Farecast公司的创始人对航空公司不断变化的价格感到沮丧，并意识到，他可以收集所有的价格和所有航线的价格变化。当航空公司初次做收益管理的时候，他们处于有利地位，这是因为很难监测到价格的变化。Farecast公司可以发现所有这些的变化，然后在一条给定路线上向顾客建议他们的报价，告诉顾客等待一段时间后，价格是会上涨还是会下跌。其实，Farecast 公司正在破坏航空公司的最优化模型。《大数据》用这个例子说明了数据的可用性如何改变行业，以及改变的力量。我们对《大数据》以刚才提到的故事来结束感到有点失望。我们不相信航空公司会坐以待毙。航空公司可以获取票价是上涨或下跌的信息，并据此调整他们的预测模型。这是非常有趣的数据分析方面的军备竞赛。

收益管理开始于航空公司，但现在迅速扩展到其他领域，如酒店、汽车出租、轮船运输以及许多其他行业。新闻界已开始报道他们当中的一些故事，每当新闻涉及收益管理内容的时候，经常会采用动态定价这个术语来描述它。芝加哥论坛报（*Chicago Tribune*）曾经报道芝加哥最受欢迎的古德曼大剧院（芝加哥最古老也是最大的非营利组织）正在使用动态定价方法。也就是，相对受欢迎的演出，其门票价格将会相对高一些。一场已经排好档期的演出，如果门票销售情况不是很好，那么剧院将会降低门票价格。最近，我们也注意到，密歇根大学将动态定价应用于销售足球比赛门票当中，我们不能确定其具体怎么操作，但是这可以让学校有机会从俄亥俄州比赛的黄牛党那里抓回一些利润。美国国家地理杂志（*National Geographic*）曾经报道，旧金山的停车计时器正在采用动态定价的模式。有一项小研究表明，在此情况下，这些看起来好像是动态的，仅仅意味着每个月调整一次价格。然而很吸引人的是，类似这种在国家地理杂志中提到的动态定价，似乎已经引起了公众的注意。

所以，你可以确定收益管理在哪些领域能更好地发挥作用。这里有几个因素需要注意：

- 有限或者易腐烂的产品——另一种思考这个问题的方式，这些行业所交易的产品，是不可能储存的。举个例子，一旦航班起飞，那个飞机上空的座位就不能卖了；一旦演出已经开始，剧场里那些空的座位就没有了价值；一旦夜晚过去，那旅馆里空的房间就没有了价值。类似的例子每天都有许多。Airbnb 公司意识到，人们自己家里的空房子可以拿来出租。
- 承担未来需求——如果一架航班现在提供廉价机票，并且绝大多数机票已经卖出去了，那么当有乘客想花高价买到这个航班的机票时，就无法提供足够的座位。相反，如果一架航班不能提供足够多的廉价票，那么当没有那么多商务旅客的时候，飞机起飞的时候就会有很多空位。
- 划分顾客方法——不同的客户群体的支付能力不同，当你能识别那些客户群体时，你的收益管理策略是最有效的。就航空公司而言，他们可能没有直接准确地识别商务旅客与休闲旅客的方法，但他们能做出非常好的预测。

- 同一种产品，满足不同客户群体的需求——如果你的产品有一定的灵活性，那么收益管理就会发挥作用。比如，一个旅馆同样的房间，为了追求更大的利润，可以租给那些几个月前就预订的人，也可租给因为结婚派对而租一层楼的多个房间因此拿到折扣的人，也可租给那些提前一天而以高价预订房间的商务人士。

如果你有类似这样特征的问题，你就有机会运用收益管理中的高端技巧。

我们将以哈拉斯娱乐公司（赌场）的故事来结束这一章节。在达文波特和哈里斯的《数据分析竞争法》书中，作者重点强调了哈拉斯娱乐公司。显然，哈拉斯娱乐公司很善于使用收益管理。

*Interfaces* 上有一篇文章描述了位于美国北卡罗来纳州乡村的哈拉斯娱乐公司（从亚特兰大开车三个小时的行程）在那里开设酒店的故事。[3] 这个酒店以一种创新方式运用收益管理。至于其中原因，哈拉斯娱乐公司采用一种庞大的积分卡系统，据此公司跟踪每一位客户的各种细节。公司激励顾客使用这些积分卡，原因在于这样做可以得到丰厚的回报。所以哈拉斯娱乐公司对顾客非常了解。在这个有特色的酒店里，哈拉斯娱乐公司知道周末来的人比平时多，有一个非常好的预测模型帮助公司知道，什么时候会有人打电话来预订酒店。一个顾客周五早上电话订周五晚上的房间，哈拉斯娱乐公司会告诉他，酒店已经客满，但是同意帮他安排到附近沿路的其他酒店，并帮其付款。对于客人来说，这家沿途的酒店大概不太方便。令人惊讶的是，其实酒店里还有许多房间，只是哈拉斯娱乐公司预留了多个房间给那些愿意付高价的顾客。因为有了这些预期，哈拉斯娱乐公司将不会因此向第二类客人收更多的房价。相反，哈拉斯娱乐公司将客人申请预订时间的这个信息，当成划分客人一共在赌场花了多少钱的手段。哈拉斯娱乐公司已经预计到，有多少高级赌徒可能会在星期五下午预订房间，然后把客房留给他们。接下来要做的事，比起其他的顾客，哈拉斯娱乐公司将会对这些顾客收更少的房费。对那些熟悉博彩行业的人来说，其原因显而易见。其实对于酒店行业来说，哈拉斯娱乐公司更明显是在经营赌博行业。酒店里有大赌徒在的时候，要比有那些吃自助餐前玩一小会赌博机的客人在的时候获得更多的收入。

这个故事有两点非常好的地方要强调。第一点，因为积分卡系统实在太棒了，所以哈拉斯娱乐公司可以很好地划分酒店的各种类型顾客。这表明了积分卡系统与了解客户的价值所在。

在这种情况下，第二点是优质顾客的利益与哈拉斯娱乐公司的利益看起来是一致的。优质顾客（用哈拉斯娱乐公司的术语说，那些赌得最多的人）会享受最好的附加福利（在酒店里留房，更优惠的房价）。这一点于航空业相反。优质的航班旅客是商务人员以及最后时刻订票的旅客，他们所支付的钱最多，并且承担了航线的利润。但是，这些旅客很可能不一定想比与他们同行的人付更多的钱。当然，他们得到了一些额外的好处，比如提前登机，或者挑选更好的座位，并且可以在最后一刻订票。但最终，他们还是要付更多的钱。这一点不像赌场，那里最好的顾客都很乐意将钱花费在休闲娱乐活动上。

## 尾注

1. 2012年9月5日，《华尔街日报》发表由茱莉亚·安格文（Julia Angwin）和达纳·马蒂奥利（Dana Mattioli）所撰写的题目为“即将到来：厕纸价格将像机票价格一样”的文章。

2. 谢尔盖·奈特辛（Serguei Netessine）和罗伯特·舒姆斯基（Robert Shumsky），于2002年9月在《*INFORMS Transactions on Education*》第3期33-44页上，发表题为“收益管理的理论与实践概论”的简短白皮书。对于深入学习收益管理和观测样本问题来说，这篇文章是非常好的资源。

3. 这个故事的素材来自《*Interfaces*》杂志2008年5-6月第38期165-175页的文章，故事的作者是理查德·麦特斯（Richard Metters），嘉莉·昆男（Carrie Queenan，马克·弗格森（Mark Ferguson），劳拉·哈里森（Laura Harrison），乔恩·希格比（Jon Higbie），斯坦·沃德（Stan Ward），布鲁斯·巴菲尔德（Bruce Barfiel），塔米·法利（Tammy Farley），艾哈迈德·纳什维尔和艾玛尔·多哥纳尼（Amar Duggasani）。

# 第10章 实施数据分析的终极技巧

依据专业经验，我们认为在进行数据分析时，组织机构太过于关注工具（如软件），而对运用软件的人关注不足。在许多情况下，公司会购买成熟且昂贵的软件包，然后雇用一些经验不足的人作为这些工具的主要使用者。

## 10.1 它只是弓箭手，而不是弓箭本身

本书两位作者的父亲都有在房子周围建造和修理器物的能力。两位父亲中的一位是资深木匠。本书作者没有继承那些实用的能力，他们两位在修理房屋的事情上毫无用处。现在，我们需要为楼梯建造一个扶手。假如给这两位父亲一些最基本的工具，他们会比我们做得更快更好，即使我们拥有最新的、最精美的工具。即使拥有最新的工具，我们也可能不能完成这项工作，或者当我们用新工具建造了楼梯扶手，这个扶手也可能一用就坏。

对于本书自始至终所讨论的数据分析工具来说，类似情况同样会发生。我们已经讨论许多新颖和花哨的工具。然而，你不能指望这些工具可以自己运作。为了确保这些工具能够由合适的人来操作，你会需要这些操作者喜欢数据，能够将由工具得出的结论翻译成为商业问题，同时能够发现小问题并做出调整。

如果你想要成功地使用这些工具，那么就需要选择正确的人来运用这些工具，同时要对操作者给予适当的训练。为了实现这个目标，许多公司采取各种不同方式组织团队。不管怎样，为了取得成功，都需要那些能理解这些工具、愿意使用新工具并理解工具背后理论的分析人员。数据分析人员必须能熟练处理数据集（如某个大数据集），愿意让数据引领他们去任何地方，同时能将结果翻译成解决商业问题的解决方案。得力的数据分析管理者不必知道工具如何工作的细节，但他们应该知道利用工具的理论，知道在不同情况下应用什么样的工具有意义，知道常见的陷阱和圈套。他们更应该有能力将结论转换成商业决策，并能够在整个组织中进行沟通。高层管理者和组织中的其他人员，应该对数据分析领域有基本的了解，愿

意向数据分析团队提出尖锐的问题。数据可能会证明你的某些想法是错的，或者你可能需要学习一些相关的技术领域，因为数据和技术会改变你从事商业的方式。

数据分析成为热门话题的原因之一，是因为存在众多的热衷于学习数据分析，并将它用于解决重要问题的人员。你的组织应该充分利用这种热情。

## 10.2 总结

就最为核心的内容而言，数据分析是为了更好地做出决策，也是为了更深入地认识了解数据。为了赋予你所期望的输出类型更多的含意并使其被更好地理解，最好的方式是依照描述性数据分析、预测性数据分析和规范性数据分析来分门别类地分析。

上述每一种分析类型都有各种各样的工具供人们运用。本书为人们提供了一种运用工具的倾向，并给出更好地理解商业活动的起点。我们可以忽视某个工具或仅使用一个工具的部分内容。本书介绍了很多的工具，也存在许多书籍和学习软件仅仅关注单一工具。

而且，新的工具在不断地创造和发展。最新的工具被划归在称为机器学习术语的组别。将来，可能还会出现其他类别的工具，机器学习这个术语可能会失宠。可是，目前的机器学习算法可能会继续成为数据分析中极具价值的一部分，就像回归分析在数据分析中仍然是强有力的工具一样。

数据的可用性推动了数据分析不断蓬勃发展，甚至创造了新的术语——大数据。尽管有些人利用大数据这个词意指整个数据分析领域，围绕数据所进行的严肃讨论促使人们承认：必须利用数据做某种有意义的事情，这样做是十分值得的。这里“某种有意义的事情”是指描述性数据分析、预测性数据分析或规范性数据分析。

数据分析领域出现了非常可喜的趋势，这就是以严谨的方式——像对网站设计进行 A/B 测试，而不是猜测和讨论行动的过程——利用数据来检验设想。我们相信，这种趋势将有助于推动数据分析领域的进一步发展：越来越多的管理者想要利用数据检验想法，这会转向越来越多的人利用数据分析来寻求解决方案。

我们已经带领大家进行了一次美妙的数据分析之旅。数据分析将会连续不断地发展和演变，而数据分析的基本原理将可能持续稳定很长一段时期。

# 非传统参考书目和扩展阅读

正如你所看到的，数据分析领域相当宽泛，内容极为艰深，而且正在迅速地发展、演变。这一领域中有大量可利用的参考书籍和文章，这些内容有助于你深入探索各个不同领域的内容。编写本书时，出现了许多好的材料。

我们想要打破传统方式罗列参考书目的形式，不仅列出我们所用的参考书和文章，而且要为你推荐更多的内容，并且写出几句重要的评介。这并不意味着，会写成书评形式——但你可以认为我们在所开列的这份书单中推荐的每一本书都是为了某些特定目的。对你而言，这将是一份极好的书单。

我们也将不断维护本书网址：www. managerialanalytics. com，丰富这个书单和参考文献。

**《布莱克特的战争》**：讲述打败纳粹潜艇，并在战争艺术中引入科学的人的故事，作者是史蒂芬·布迪安斯基（Stephen Budiansk，2013）。如果你喜欢数据分析和历史，这是一本好书。我们使用此书中的某些故事来强调本书的一些要点。同时，有些学者宣称，二战中为同盟国工作的科学家小组是首次使用数据分析和应用大数据（即使当时并不叫大数据）进行分析的团队。此外，在充斥着政治的环境中，这本书是使用数据分析的一个不错例子。

**《功能性艺术》**：介绍信息图形学和可视化的一本书，作者是阿尔伯特·开罗（Alberto Cairo，2012）。此书阐述了一些有用的原则，确保可视化可以传达更有用的信息。

**《分析经验与教训》**（www. leananalyticsbook. com），作者是阿利斯泰尔·克罗尔（Alistair Croll）和本杰明·尤科维奇（Ben Yoskovitz，2013）。这是一本免费的电子书，也是同一作者的另一部著作《精益数据分析》的姊妹篇。电子书只是收集一些案例，但它做得非常好，展示了不同的分析解决方案。

**《数据分析竞争法——企业赢之道》**，作者是托马斯·达文波特（Thomas H. Davenport）和珍妮·哈里斯（Jeanne G. Harris，2007）。我们推荐的这本书和《哈佛商业评论》的同名文章是数据分析蓬勃发展的里程碑。

这本书描述公司如何通过运用数据分析进行竞争并获得胜利。这本书提供案例研究，同时阐述公司怎样做可以使它的企业文化更多地关注数据分析。本书之前的同名文章《数据分析竞争法》发表在 2006 年 1 月出版的《哈佛商业评论》上，作者同样是托马斯·达文波特。我们认为这篇文章推动了数据分析运动不断继续向前发展。我们观察发现，这篇文章持续不断地被最具影响力的《哈佛商业评论》中的其他文章所引用提及。

**《驯服大数据浪潮》**：作者比尔·弗兰克斯（Bill Franks，2012）。这本书是写给广大商业读者的，其中有一部分对大数据进行定义并给出大数据的例子，写得不错。这本书也将大数据与数据分析工具结合起来。最后，这个本书讨论了在组织中人们如何应用这些想法。

**《机器学习实战》**：作者彼得·哈林顿（Peter Harrington，2012）。尽管这本书是为想要使用 Python 编程语言来编写机器学习算法代码的人员而写的，但是你可以略过 Python 代码部分阅读此书。这本书为考虑不同类型的机器学习算法提供了一个很好的框架，并给出一些关键算法的概述（写作内容足够深刻，为的是理解算法是如何工作的），同时提供了一些很好的例子。

**《统计学习基础：数据挖掘、推理、预测》**：作者是特雷福·哈斯蒂（Trevor Hastie）、罗伯特·提布施瓦尼（Robert Tibshirani）和杰罗姆·弗里德曼（Jerome Friedman，2009）。这是关于预测性分析学方面一本极好的教科书。尽管这本书是技术性的，但前几章提供了一些很好的例子。如果你拥有某方面的先前背景知识（来自现在你正在读的这本书或者其他经验），这些例子会给你某种额外的洞察力。假如你真的想要详细地学习技术，那就使用这本书。

**《可视化组群之旅》**：作者是杰弗里·赫尔（Jeffrey Heer）、迈克尔·博斯托克（Michael Bostock）和瓦迪姆·欧葛维特斯基（Vadim Ogievetsky，2010）。这是一本关于不同类型图表的使用指南。

**《管理统计学：基于案例的方法》**：作者是彼得·克里巴诺夫（Peter Klibanoff）、阿尔瓦罗·桑卓尼（Alvaro Sandroni）、波阿斯·莫塞勒（Boaz Moselle）和布雷特·撒拉尼提（Brett Saraniti，2006）。这是西北大学凯洛格管理学院的教授为商学院学生所写的一本教科书。对于学习应用统计学而言，这是一本优秀的书。这本书有个 Excel 插件，可供读者练习学过的概念。

**《点球成金：赢得不公平比赛的艺术》**（又称《魔球——逆境中制胜的智慧》，译者注）：作者是迈克尔·刘易斯（Michael Lewis，2004）。这本书阐述了描述性数据分析和预测性数据分析在棒球方面应用的极好案例。这本书推动分析学应用的广泛传播。

**《失控：商业、政治和社会试错的惊人回报》**：作者是吉姆·曼兹(Jim Manzi，2012)。这本书包含的领域非常广泛，远远超过商业领域，但我们仅仅关注书中的商业部分。这本书开篇详细讨论并精心研究了科学方法，同时阐述了我们如何运用它来使事物表现更加真实。对从事数据分析工作的人员来说，理解科学方法是十分重要的。然后，这本书讨论了随机化试验的重要性，以及它们为什么对商业具有重要性的原因。检验设想对数据分析的蓬勃发展起到了非常重要的作用。

**《大数据：一场改变我们生活方式、工作和思维方式的变革》**：作者是维克多·迈尔-金恩伯格（Viktor Mayer-Schonberger）和肯尼思·库克耶(Kenneth Cukier，2013)。这本书被媒体广泛接受，我们从这本书中汲取了许多思想。这本书对大数据给出了创造性定义，同时为商业活动提供了某些创意。这本书也讨论了大数据在社会和政治方面的应用内容，这超出了本书的范围。

**《统计分析和数据挖掘应用手册》**：作者罗伯特·尼斯贝特（Robert Nisbet)、约翰·埃欧德四世（John Elder IV）和加里·迈纳（Gary Miner，2009)。这是一部内容极为丰富的数据挖掘教科书。特别是关于数据挖掘十大错误的内容，给了我们许多启发。

《数学盲：对数学无知及其后果》：作者约翰·艾伦·保罗（John Allen Paulos，1988)。这是一本用逻辑的方法思考数字的典型手册。

**《最优化边界：公司资产最大化的重新决策》**：作者史蒂夫·指原(Steve Sashihara，2011)。这本书目的是向普通商业读者介绍最优化（规范性数据分析）理论。本书提供了大量的案例和示范，而且涵盖非常广泛的应用领域，因此这本书会在最优化理论能发挥作用的领域中助你一臂之力。书的大部分内容还致力于如何实现这些解决方案。实施应用的部分内容同样适用于其他类型的数据分析解决方案。

**《平均值缺陷：为什么我们低估了不确定性风险》**：作者是萨姆·萨维奇（Sam Savage）和杰夫·丹泽戈尔（Jeff Danziger，2009)。这本书解释了为什么你只使用简单平均数来做决策时会遇到麻烦。倘若你想善于分析数据并建立模型，就必须很好地掌握变异性，并知道它是如何影响决策的。

**《初识机器学习》**：作者是麦克斯·威灵（Max Welling)(www. ics. uci. edu/~welling/teaching/ICS273Afall11/IntroMLBook. pdf，2011)。我们主要使用该书的第3章和第4章，这两章包括了机器学习的一般思想与机器学习的类型。这两章很好地解释了过度拟合与拟合不足的模型。

**《赤裸裸的统计学——除去大数据的枯燥外衣，呈现真实的数字之美》**：作者是查尔斯·惠伦（Charles Wheelan，2013）。这本书为普通大众提供了对统计数据优秀的介绍或提醒。关于统计数据，如果你什么都不知道，那么这本书是一个很好的起点。即使你知道统计数据，但你可能仍会发现，当你向别人解释统计数据时，这本书非常有益。它提供一个好的提示：统计学对于数据分析来说是极其重要的。

**《程序员数据挖掘指南：数字迷官的远古艺术》**：作者是罗恩·佐查斯基（Ron Zocharski）（http：//guidetodatamining. com，2012-2013）。虽然这本书是写给想要用 Python 语言编写机器学习程序的人员，但它给出的算法解释非常直观。例如，这本书对推荐系统进行了很好的评论。如果你不想对这些例子用 Python 进行编码，那么可用 Excel 进行计算。

**《驾驭大数据的力量：IBM 大数据平台》**：作者是保罗·兹科普罗斯（Paul Zikopoulos），德克·德鲁（Dirk deRoos）、克里斯南·帕拉休拉曼（Krishnan Parasuraman）、托马斯·多伊奇（Thomas Deutsch）、大卫·克里甘（David Corrigan）和詹姆斯·贾尔斯（James Giles，2103）。这本书讲述了 IBM 的大数据平台。这里的大数据是 IT 领域的定义：巨量的数据。对普通读者来说，这本书的介绍是非常有用的。它有助于针对管理大数据集合方面给出技术定义。你也可以通过搜寻这本书的标题，来查找 IBM 的有关信息。

# 译　后　记

最近一段时间，关于大数据的理论及各种应用的探索、研究越来越多，大数据已经开启了一个崭新的时代。

牛津大学教授维克托·迈尔·舍恩伯格在其著作《大数据时代》中说："大数据是人们获得新的认知、创造新的价值的源泉，也是改变市场、组织机构以及政府与公民关系的方法。"

**1. 数据（含大数据）正在成为一种生产投入要素**

数据（含大数据）正在成为一种生产资料，成为一种稀有资源。任何一个行业和领域都会产生有价值的数据，而对这些数据进行统计、分析和挖掘，则会创造出意想不到的价值和财富。

由于大数据具有巨大的潜在影响力，许多国家或国际组织都将大数据视作战略资源，并将大数据提升为国家战略。比如，2012 年 3 月，美国奥巴马政府宣布"大数据研发计划"，并设立 2 亿美元的启动资金，希望增强海量数据的收集和分析萃取能力，认为这事关美国的国家安全和未来竞争力。迄今为止，美国在大数据方面实施了三轮政策，开放了 50 多个门类的政府数据确保商业创新。

欧盟正在力推《数据价值链战略计划》，以此来为 320 万人增加就业机会。日本积极谋划利用大数据改造国家治理体系，对冲经济下行风险。联合国推出的"全球脉动"项目，希望利用"大数据"预测某些地区的失业率或疾病爆发等现象，以提前指导援助。

我国 2014 年 3 月将"大数据"首次写进《政府工作报告》。2015 年 8 月 19 日，国务院总理李克强主持召开国务院会议，议题之一就是讨论研究《关于促进大数据发展的行动纲要》，强调制定大数据行动纲领，要突出围绕"政府大数据建设"和"创造健康发展的大数据环境"这两项核心内容展开。

2015 年 9 月，国务院发布了《促进大数据发展行动纲要》。这个纲要指出，大数据将成为推动经济转型发展的新动力。大数据产业正在成为新的经济增长点，将对未来信息产业格局产生重要影响。

2016 年 3 月 17 日，《中华人民共和国国民经济和社会发展第十三个五年规划纲要》（以下简称《"十三五"规划纲要》全文发布。《"十三五"规划纲要》指出，实施国家大数据战略，把大数据作为基础性战略资源，全面实施促进大数据发展行动，加快推动数据资源共享开放和开发应用，助力产业转型升级和社会治理创新。

**2. 大数据在实践中的应用——分析和处理**

既然大数据是人们获得新认知、创造新价值的源泉，那么我们怎样利用大数据创造价值呢？换句话说，我们需要什么样的工具来挖掘大数据的潜在价值呢？

实际上，大数据并非仅仅是数据量巨大，一个非常重要的现实问题是如何对大数据进行分析，采用什么样的方法或者分析技术来处理大数据。

如果从学科研究方法和市场需求框架来看，当前我国对大数据进行研究主要有三种不同的类型：一是以数理统计为主导方法，致力于基础性数据挖掘、分析和建模；二是以计算机科学为主导方法，致力于工学设计、计算原理和数据处理工作；三是以商业需求为导向的应用，致力于提供商业问题解决方案。实际上，从学科归属来看，数据科学是研究大数据的科学，但研究的内容并不局限于大数据，还有数据存储与管理、数据安全、数据分析、数据可视化等。

如果从大数据的来源和技术发展框架来看，大数据的研究和处理涉及三个大的领域：一是大数据集合，一般是指为解决一个决策问题而涉及的所有可能的数据，通常数据量巨大、数据来源和类型多样；二是大数据技术，包括大数据资源的获取、存储管理、分析挖掘、可视化展现等技术；三是大数据应用，是指对大数据集采用大数据技术来挖掘价值成果，通过揭示自然界和人类社会的现象与规律，来支持决策活动，是一种全新的科学决策方法。

由于大数据技术是多学科、多技术领域交叉融合而形成的，所以大数据应用也体现出多学科融合的特点，这种交叉融合进一步促进了数据科学的发展。可以说，大数据应用的最显著的特点，就是与各行业领域的深度交叉与融合，它已经深刻改变了我们的生活，不仅涉及全新的方法和技术，更体现出一种全新的思维和观念，不断创造着新的价值。

最近几年，关于大数据技术引人注目的应用领域，我们引用周涛等（来自《大数据》2017 年第 1 期《CCF 大专委 2017 年大数据发展趋势预测》一文）的研究成果——近 5 年来，有 4 年互联网和金融始终居于前三位领域，而 2017 年则呈现出新的特征：城镇化与制造业中的数据应用随其后，进入前五。具体信息如表 1 所示。

**表1　近5年大数据应用领域调查排序**

| 排序 | 2013年 | 2014年 | 2015年 | 2016年 | 2017年 |
|---|---|---|---|---|---|
| 1 | 医疗 | 互联网、电子商务 | 互联网、电子商务 | 互联网、电子商务 | 互联网、电子商务 |
| 2 | 金融 | 金融 | 金融 | 金融 | 健康医疗 |
| 3 | 电子商务 | 健康医疗 | 健康医疗 | 健康医疗 | 金融 |
| 4 | 城市管理 | 舆情分析、情报分析 | 城镇化、智慧城市 | 城镇化、智慧城市 | 城镇化、智慧城市 |
| 5 | | | 社会安全、犯罪调查 | 舆情分析、情报分析 | 制造业、工业大数据 |

**3. 对管理数据分析的思考**

首先，从原书名“*Managerial Analytics*”谈起。此书名的核心词是“analytics”，其修饰词是“managerial”（管理的），因此，本书内容主要是限定在与管理有关的“analytics”。

下面，我们以一种学术界常见的追根溯源的方式来探究“analytics”。通常，可以将“analytics”翻译成“分析学，解析学，分析论”，analytics作为一个术语出现，可追溯到亚里士多德和他的演绎推理研究。依据梅里亚姆-韦伯斯特词典（Merriam-Webster Dictionary，美国权威的辞书出版机构的词典），analytics是“逻辑上的分析学”，此种定义并没有一个明确说明的终极目标，这样的解释是一个非常宽泛的含义。因此，分析学并不是一个崭新的术语。

这里要提及“analysis”一词的翻译，学习英语的人都认识这个词语，就是“［名］分析，分解；梗概，要略；［数］解析；验定”之意。

在大数据时代背景下，analytics一词是否被赋予了新的含义呢？

当前，如果从学术界角度来考察“analytics”，一般是指INFORMS学术组织（www. informs. org）对其所赋予的新的含义：Analytics is defined as the scientific process of transforming data into insight for making better decisions，翻译成中文大意是说，分析学被定义成将数据转变成用于更好决策的洞察力的科学过程。所以，可以发现，这个新定义的研究对象是数据（data），对数据的加工过程则是一种科学的过程，其中特别强调了“科学的过程”，最终的目标是为人们的决策提供某种参考借鉴的依据，而且突出了“更好决策”的高级目标。

国外有一本期刊《Analytics》，将analytics定义为：利用数学、运筹学、统计学来影响商业决策。

鉴于analytics的学术含义，国内有一些人将“analytics”翻译成数据分析就非常顺理成章了。查询国内最近几年来已经引进翻译的涉及“analytics”方面的书籍，有中译本《数据分析竞争法——企业赢之道》（2009年出版)，作者是托马斯·达文波特（Thomas H. Davenport）和珍妮·哈里斯（Jeanne G. Harris）（原书2007年出版)，还有《精益数据分析》（2015年出版)，作者是阿利斯泰尔·克罗尔（Alistair Croll）和本杰明·尤科维奇（Ben Yoskovitz）（原书2013年出版)。

顺便说一句，国内对“Business Analytics”的翻译，一般译成“商务数据分析”，或“商业数据分析”。在国际范围内，已经有多所大学的管理学院或商学院陆续创建新专业“商务数据分析”。关于Business Analytics（BA）的解释如下：Business analytics is the practice of iterative, methodical exploration of an organization's data with emphasis on statistical analysis。例如，美国南加州大学的马歇尔商学院，就专门开设商业数据分析（Business Analytics）的硕士项目。在项目介绍中，第一句话就是，商业数据分析是现在全美增长最迅速的领域。旧金山州立大学成立了类似项目，学制只需一年半，其中一年学习知识，半年学校帮助寻找实习机会。此外，新西兰奥塔哥大学的商学院（Otago Business School）研究生也设有商业数据科学方向（Master of Business Data Science)。

因此，我们将“Managerial Analytics”译成“管理数据分析”就十分自然了。

**4. 传统分析学和大数据分析学的比较**

本小节暂时脱离一下数据分析的主题，考察大数据时代背景下的分析学和以往分析学的差异。

为了清楚认识当前分析学的含义，这里将当前大数据时代背景下的分析学称为大数据分析学（big data analytics)，有时在应用背景十分明确的条件下，也经常简称为分析学。这两个术语意思相同，可以相互交换使用，而将以往的分析学称为传统分析学。

对于大数据分析学和传统分析学的差异，可从研究对象的数据特征、总体特征、技术方法、方法论等几个层面加以厘清。在传统数据分析学中，研究问题是先于分析而提出的，然后搜集数据，来寻找那些预先设计的问题的答案。通常，样本是从已知总体中抽取，据此在关系数据库环境下实施分析。

就大数据分析学而言，通常是在诸如Hadoop的平台上来执行整个已知或未知总体的数据分析。此外，大数据分析学所研究的数据一般是流动的而非静止的，要么针对以前提出的问题，要么探索我们可能没有提问过的问题，如表2所示。

表 2　传统分析学和大数据分析学的比较

| | 传统分析学 | 大数据分析学 |
|---|---|---|
| 数据特征 | • 环境仅适用于结构化数据<br>• 数据单位通常是 megabyte 或 gigabyte | • 环境适用于任何来自多重来源：半结构化 / 多重结构 / 非结构化数据<br>• 数据单位通常是 terabyte 或 petabyte |
| 总体特征要回答的问题 | • 已知总体的样本数据分析<br>• 要回答的问题：我们知道我们不知道 | • 未知总体的样本数据分析<br>• 要回答的问题：我们不知道的我们不知道的问题 |
| 技术方法 | • 数据的 SQL 方法<br>• 关系数据（数据对函数模型）<br>• 非开放资源<br>• 对“历史”、静态数据的（离线）批处理 | • 大规模并行的处理，NoSQL<br>• Hadoop 平台（函数对数据模型）<br>• 开放资源<br>• 对（接近于）实时、现场数据的（在线）流量处理 |
| 方法论 | • 单个制造商或开发者可以独立展开研究工作 | • 仅仅单个个体无法工作；所有相关部门必须一起合作 |

**5. 关于本书的翻译**

回顾过去几十年来国内外企业的发展，在不考虑企业具体行业背景的情况下，对于决定企业成败的主要数据/信息管理技术（也涉及理念），我们可以大致总结出从 20 世纪 80 年代的企业资源计划、20 世纪 90 年代的客户资源管理、21 世纪初的电子商务，到现在的大数据分析这样几个历程，如图 1 所示。

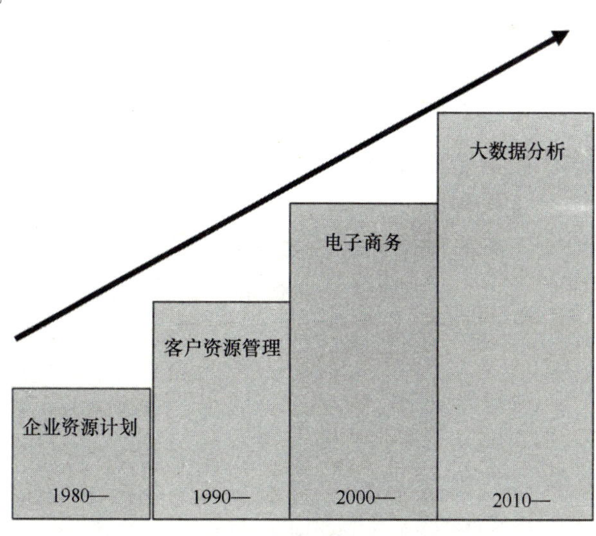


图 1　企业数据/信息管理技术发展演变

当前，数据科学与大数据技术在商业领域的应用越来越受到企业界的关注。实际上，企业不但需要会熟练掌握数据分析和处理的技术人才，而且更需要拥有大数据思维的管理者，后者能从大数据分析结果中汲取可以获利的信息，将有用的信息和企业的中长期战略良好地衔接起来，进而为企业的发展争取竞争优势。

本书的出版，正是为试图认识和了解大数据分析方法如何应用于企业运营管理的企业管理者、大学生、政府官员等，提供一个通俗易懂、生动有趣的简明介绍，是一本中级层次的普及读本。

本书第一译者于2013年10月加入了哈尔滨工业大学经济与管理学院的“商务管理数据分析”新专业课程建设小组，从那时起就一直关注和学习BA方面的知识，后来将学习心得整理成两个专题，第一个专题是“Data Science and Dig Data”，放置在《统计学专业英语（第3版）》（哈尔滨工业大学出版社，2015年4月出版），第二个专题是“Statistical Methods and Data Science”，放置在《统计学专业英语教程》（电子工业出版社，2016年8月出版）。

最后，译者特别感谢曾经参与本书的前期学习和翻译的老师和同学，他们是黑龙江中医药大学的郭倩老师、哈尔滨绥化学院的王伟老师、黑龙江农垦职业学院的张馨元老师，以及哈尔滨工业大学经济与管理学院金融专硕研究生温雅欣。这里特别要感谢管理学院的胡运权教授、于渤教授以及学院院长叶强教授多年来给予译者的教诲和关怀，使得翻译这项辛苦的工作得以完成。哈尔滨工业大学经济与管理学院的王忠玉负责翻译第4、5、8、9、10章，哈尔滨工业大学经济与管理学院博士研究生王琼负责翻译第1、2、3、6、7章，王忠玉对全书进行了统稿。另外，也要感谢曾经参与本书译稿讨论的一些同学，他们是王天元、王初旭、邢喆、黄炜、周子涵、张宇昂、李慧凝、朱烜桀、董赫、牟思涵、郑天慧、范晓菲、徐雪，还有高旭彤、张天爱、潘殊杉。

译者虽然精心专研和翻译管理数据分析书籍，但仍可能存在纰漏和错误，希望广大读者指正。联系方式：wangzhy@ hit. edu. cn。

王忠玉、王琼

Authorized translation from the English language edition, entitled Managerial Analytics: An Applied Guide to Principles, Methods, Tools, and Best Practices, 9780133407426, by Michael Watson, Derek Nelson, published by Pearson Education, Inc, Copyright © 2014 by Michael Watson and Derek Nelson.

All rights reserved. No part of this book may be reproduced or transmitted in any form or by any means, electronic or mechanical, including photocopying, recording or by any information storage retrieval system, without permission from Pearson Education, Inc.

CHINESE SIMPLIFIED language edition published by PEARSON EDUCATION ASIA LTD., and CHINA MACHINE PRESS Copyright © 2017.

本书中文简体字版由培生教育出版公司授权机械工业出版社合作出版，未经出版者书面许可，不得以任何形式复制或抄袭本书的任何部分。

本书封面贴有 Pearson Education（培生教育出版集团）激光防伪标签。无标签者不得销售。

北京市版权局著作权合同登记　图字：01-2015-5831 号。

**图书在版编目（CIP）数据**

管理数据分析：原理、方法、工具及实践/（美）麦克·沃森（Michael Watson），（美）德里克·内尔森（Derek Nelson）著；王忠玉，王琼译. —北京：机械工业出版社，2017.4

书名原文：Managerial Analytics: An Applied Guide to Principles, Methods, Tools, and Best Practices

ISBN 978-7-111-56697-7

Ⅰ.①管…　Ⅱ.①麦…②德…③王…④王…　Ⅲ.①数据处理—应用—管理学—分析方法　Ⅳ.①C931-39

中国版本图书馆 CIP 数据核字（2017）第 089790 号

机械工业出版社（北京市百万庄大街 22 号　邮政编码 100037）
策划编辑：易　敏　责任编辑：易　敏　付鑫宇
责任校对：刘　岚　封面设计：鞠　杨
责任印制：李　昂

三河市国英印务有限公司印刷

2017 年 8 月第 1 版第 1 次印刷
169mm×239mm ·11.5 印张·212 千字

标准书号：ISBN 978-7-111-56697-7
定价：39.80　元

凡购本书，如有缺页、倒页、脱页，由本社发行部调换

| 电话服务 | 网络服务 |
|---|---|
| 服务咨询热线：010-88361066 | 机 工 官 网：www.cmpbook.com |
| 读者购书热线：010-68326294 | 机 工 官 博：weibo.com/cmp1952 |
| 010-88379203 | 金 书 网：www.golden-book.com |
| **封面无防伪标均为盗版** | 教育服务网：www.cmpedu.com |